Candle

일러두기

· 몰드에 따라서 왁스 용량이 달라질 수 있습니다.

· 특정 색상 가이드가 없는 경우 원하는 색으로 조색하여 사용하세요.

· 왁스와 향료는 제조사마다 사양이 다를 수 있으니 제조사 기준을 확인해 주세요.

아이 캔들 잇

I Candle it

사계절 캔들 레시피

박현미 지음

지콜론북

Spring

Summer

Autume

Winter

&

Spring

프롤로그
Prologue

어렸을 때부터 손으로 만드는 것을 좋아했습니다. 좋아하는 일이 무엇인지 찾지 못한 채 직장 생활을 하다가 한줄기 빛처럼 캔들을 만나게 되었습니다. 캔들을 만나고 제 인생은 불꽃처럼 빛나기 시작했습니다. 캔들을 만드는 작업이 재미있어 잠을 자는 시간을 빼고는 작업에 열중했습니다. 보기에는 쉬워 보여도 자그마한 변수들이 생기는 것을 보며 스트레스를 받기도 했지만, 이런 과정 또한 흥미롭게 다가왔고 끊임없이 파고들며 저만의 완성도 높은 캔들 레시피를 가질 수 있게 되었습니다. 지금은 이런 저의 레시피와 노하우로 수강생들에게 쉽고 간결하게 다가가도록 강의를 진행하고, 저와 같은 직업을 꿈꾸고 있는 수강생들을 양성하고 있습니다. 좋아하는 일이 직업이 될 수 있음에 감사함을 느끼며 매일매일 빛나는 삶을 살아가는 중입니다.

온라인 플랫폼이 활성화된 시대에 유튜브, 온라인 클래스 등 저의 작업을 알릴 수 있는 다른 방법은 많았지만, 영원히 남을 수 있는 저만의 책을 꼭 출간하고 싶었어요. 영상은 언젠간 사라질 수 있지만 책은 추억과 함께 영원히 보존될 수 있으니까요.

『아이 캔들 잇』에서는 캔들을 처음 접하시는 분들도 쉽게 재료를 구해 집에서 시작할 수 있도록 사계절 캔들 레시피를 제공해 드리고 있어요. 요즘 캔들은 단순히 태우는 목적이 아닌 인테리어 효과도 볼 수 있는 디자인 캔들이 주목받고 있습니다. 『아이 캔들 잇』의 레시피를 토대로 응용하여 아이디어만 있으면 어떠한 분야라도 캔들과 접목할 수 있다고 생각합니다. 더불어 우리 책을 통해 내가 어느 계절을 좋아하는지, 나의 취향은 무엇인지 나를 알아가는 시간이 될 수 있도록 독자 여러분 삶에 가닿기를 바랍니다.

박현미

목차

Index

Candle Workshop

Basic

도구

Tool. 1

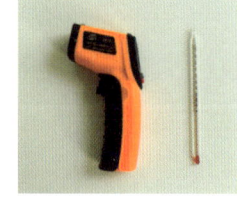
Tool. 3

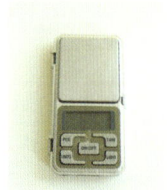
Tool. 2

핫플레이트 *Tool. 1*

왁스를 녹이는데 사용하는 도구로 열의 세기를 조절할 수 있고, 온도가 높지 않아 왁스를 녹이기에 적합합니다. 1~2단계로 가열하며 왁스가 ⅔쯤 녹으면 불을 끄고 남은 열로 왁스를 마저 녹여주기도 합니다. 사용 후에는 핫플레이트 위에 올린 용기를 내리고 전원 코드를 뽑아두어야 합니다. 왁스가 천천히 녹는다고 해서 고온에서 녹이거나, 가스 불에 직접 왁스를 녹인다면 왁스의 온도가 빠르게 올라가 왁스에 불이 붙을 수 있으니 주의합니다.

전자 저울 *Tool. 2*

캔들을 만들 때 정확히 계량하는 것은 중요합니다. 왁스나 향료를 계량할 때 필요한 도구입니다.

온도계 *Tool. 3*

'적외선 온도계'는 빠르게 온도를 잴 수 있는 장점이 있는 반면에 쏠 때마다 온도가 다르게 나올 수 있어 부정확합니다. 정확한 온도가 필요한 작업에서는 추천하지 않습니다. 반면 '유리 온도계'는 정확한 온도를 잴 수 있으며 조색 시 왁스를 섞고 젓는 용도로 사용하기 편합니다. 다만 한 번 떨어트리면 바로 깨지기 때문에 여러 개를 구비하는 것이 좋습니다.

Tools

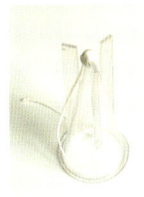

Tool. 5

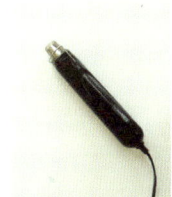

Tool. 4

Tool. 6

히팅툴 / 히팅건 *Tool. 4*

도구에 묻은 왁스를 녹일 때, 캔들 표면을 녹여 정리할 때 사용합니다. 열풍기의 온도가 500℃ 가까이 올라가므로 사용 시 주변에 화재 위험이 있는 물건을 치우고 사용합니다. 열풍기의 입구는 전원이 꺼진 후에도 뜨거우니 식힌 후 보관합니다.

몰드 *Tool. 5*

왁스를 담아 굳히는 틀로 필라 캔들을 만들 때 사용합니다. 몰드는 재질에 따라 실리콘 몰드, 알루미늄 몰드, PC(폴리카보네이트) 몰드로 나뉩니다. 특히 PC 몰드, 실리콘 몰드는 세척 시에 히팅툴로 열을 쐬어주고 깨끗하게 세척해 줍니다. 몰드와 왁스

의 온도 차이가 많이 날 경우, 몰드를 히팅툴로 데워주고 왁스를 부어주면 깔끔하게 만들 수 있습니다.

스테인리스 비커 *Tool. 6*

왁스를 녹일 때 사용하는 도구입니다.

다부치 *Tool. 7*

PC 몰드 제작 시 심지 구멍을 막는 데 사용합니다.

캔들의 종류

컨테이너 캔들 *Container Candle*

유리나 세라믹 등 용기(컨테이너)에 담긴 캔들을 칭합니다. 캔들을 태웠을 때 왁스가 밖으로 흐르지 않아 연소 시간이 더욱 길어질 수 있으며, 사용 시 안전합니다. 뚜껑이 있는 병에 만들어진 캔들을 특별히 'Jar Candle'이라고 부르는데, 표면이 산화되는 것을 방지하고 먼지가 내려앉는 것을 막아줍니다. 향초의 경우 향을 더욱 보존할 수 있는 장점이 있습니다. 왁스의 수축 현상으로 왁스와 용기 벽면이 분리되는 것을 방지하기 위해 주로 용기에 잘 밀착되는 왁스를 사용하여 제작합니다.

필라 캔들 *Pillar Candle*

다른 홀더나 겉에 용기 없이 스스로 서 있을 수 있는 초를 뜻하며, 원기둥, 사각형 등 여러 가지 모양으로 제작이 가능합니다. 왁스가 수축하여 몰드에서 분리되고 틀에서 꺼낼 수 있는 왁스여야 제작이 가능합니다. 일반적으로 몰드에 녹인 왁스를 부은 뒤 탈형하여 완성합니다.

테이퍼 캔들 *Taper Candle*

예전부터 고대 방식으로 만든 길고 가는 막대 모양의 향초를 말합니다. 핸드메이드 제품은 대부분 왁스를 여러 차례 담금질하는 '디핑(Dipping) 기법'을 이용해 제작되며 촛대에 꽂아 사용합니다. 비즈(밀랍) 왁스를 사용하여 제작합니다.

Types of Candles

플로팅 캔들 *Floating Candle*

물에 띄울 수 있도록 표면이 널찍하고 밑 부분이 좁아진 형태로 만든 캔들입니다. 약 4~10cm 정도의 크기로 크기에 따라 연소 시간이 다르지만 일반적으로 3~7시간 정도입니다. 투명한 수반에 아크릴, 유리, 구슬 등을 함께 담으면 인테리어 효과를 발휘합니다. 겨울에 피워놓으면 약간의 가습기 효과를 낼 수 있습니다.

티라이트 캔들 *Tea Light Candle*

지름 3cm, 높이 2cm 정도의 알루미늄이나 플라스틱 용기에 왁스를 부어 만드는 향초입니다. 연소 시간은 3~5시간 정도로 짧은 편입니다.

향료
Fragrance

프래그런스 오일

여러 가지 향을 조합하여 인공적으로 만든 향료로 천연 향료에 비해 온도에 덜 민감해 모든 왁스에 사용이 가능합니다. 가격도 저렴하고 적은 양을 사용해도 향이 진하다는 장점이 있습니다. 동일한 이름의 제품이더라도 제조사, 생산일에 따라 원액에 희석하는 양에 따라 향이 약간씩 다를 수 있으니 오프라인 매장에서 직접 시향 후 구매하기를 권장합니다. 향료의 구성 성분에 따라 젤 왁스에 넣게 되면 젤 왁스를 뿌옇게 만들어버리기 때문에 투명도를 유지해야 하는 젤 캔들의 경우는 젤 전용 향료를 사용해야 합니다.

혼합 과정

오일이 왁스에 완전히 섞일 수 있도록 30초에서 1분 정도 충분히 저어 줍니다. 너무 세게 저으면 기포가 발생해 캔들의 표면에 영향을 끼치므로 세게 젓지 않도록 주의합니다.

Q. 프래그런스 오일을 넣어 캔들을 만들었는데 표면에 몽글몽글 방울이 맺혔어요.

· 향을 로드율(최대 첨가 가능 양) 이상으로 많이 넣어서 왁스가 향을 뱉어낸 경우입니다.
· 왁스와 맞지 않은 향을 넣은 경우입니다.
· 붓는 온도를 맞지 않게 넣은 경우입니다.

(tip)

향료 계산법

왁스 중량×오일 퍼센트=오일의 양(mL)

왁스의 향 로드율

a. 파라핀, 팜 왁스: 3~5%
b. 젤 왁스: 2~3%
c. 소이 왁스: 5~10%

염료
Dyes

액체 염료

액체 타입으로 스포이드 방울을 떨어트려 사용하기 편합니다. 액체 염료는 농도가 진해 몇 방울만 넣어도 발색이 진하게 됩니다. 진한 색상을 조색할 시에는 방울로 떨어트려 사용하고 연한 색상을 조색할 시에는 나무 꼬챙이에 묻혀 소량으로 조금씩 첨가하여 사용해야 합니다. 고체 염료보다 비싼 단점이 있습니다.

고체 염료

컬러 블록 형태로 칼로 깎아 넣어야 합니다. 액체 염료보다는 색상의 종류가 더 다양하다는 장점이 있고 연한 색상을 조색하기 쉽습니다. 액체 염료보다 발색력이 떨어져 진한 색상을 조색하려면 염료의 양을 많이 첨가해야 하는 단점이 있습니다. 왁스의 온도를 60˚C 이상에서 녹여줘야 염료가 완전히 녹아 알갱이가 남지 않습니다.

심지

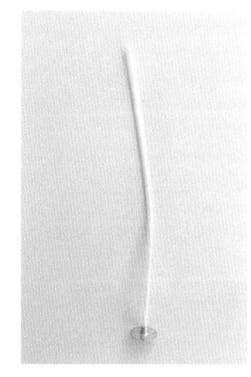

Tool. 2

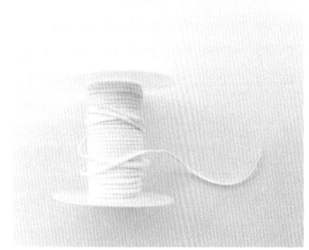

Tool. 1

작업하기 전에 만들어질 캔들의 두께(지름)를 측정하고 이에 맞는 심지를 사용함으로써 최상의 캔들을 만들 수 있게 됩니다.

면 심지 *Tool. 1*

100% 천연 섬유로 만들어진 면 심지를 주로 사용합니다. 모든 왁스에 사용할 수 있고 다른 심지에 비해 불꽃의 온도가 가장 높습니다. 대부분의 면 심지는 코팅이 되어 있지만 코팅이 안 되어 있는 면 심지는 직접 왁스에 코팅을 하기도 합니다. 심지에 코팅을 하는 것은 초를 만들 때 심지를 곧게 세워 고정이 질되게 하기 위한 과정으로 코팅을 생략해도 됩니다.

심지 두께가 두꺼워질수록 초의 호수가 커지는데 초의 지름에 따른 권장 심지를 사용합니다. 권장 심지는 연소 시 지름만큼 초가 골고루 녹습니다. 지름에 비해 너무 얇은 심지를 사용하면 심지 주변만 연소되어 캔들 안쪽이 우물처럼 움푹 파이는 터널 현상이 생기거나, 너무 굵은 심지를 사용하면 캔들이 빠른 시간 내에 모두 연소합니다. 일부러 캔들의 가장자리는 남기고 속만 태우고 싶다면 권장 사이즈에서 한두 단계 작은 심지를 사용합니다. 심지의 길이는 3~5mm 정도가 적당합니다.

에코 심지 *Tool. 2*

100% 천연 섬유로 만들어진 심지이며 주로 컨테이너 캔들에 사용합니다.

Candle Wick

Tool. 3

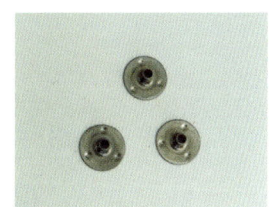

Tool. 5

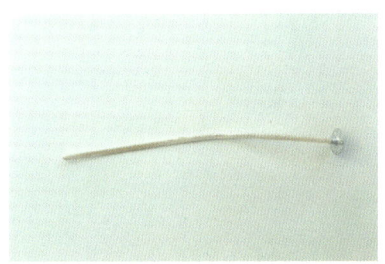

Tool. 4

우드 심지 *Tool. 3*
두 장의 아주 얇은 나무 조각을 붙여서 만
들며, 연소 시 '타닥타닥' 하는 나무 소리가
나서 공간에 분위기를 더할 수 있습니다.
주로 소이 왁스에 활용하며, 왁스를 끌어
올리는 힘이 약해 점도가 높은 비즈 왁스
에는 사용이 어렵습니다.

스모크리스 심지 *Tool. 4*
면 심지의 그을음이 생기는 단점을 보완하
여 만들어진 심지입니다.

심지 탭 *Tool. 5*
컨테이너형 캔들 제작 시 심지를 심지 탭
에 끼우고, 심지 탭 스티커를 붙인 뒤 용기
바닥에 쉽게 고정할 수 있도록 도와줍니
다. 심지 탭은 면 심지와 우드 심지용으로
나뉘며 각각의 모양이 다릅니다.

왁스

소이 왁스 *Soy Wax*

자연산 왁스로 100% 콩에서 추출한 식물성 왁스입니다. 대표적 특징 중의 하나는 융점(녹는점)이 낮다는 것입니다. 석유 부산물로 만든 파라핀 왁스를 대신해 천연 캔들을 만들 때 가장 각광 받는 왁스입니다. 파라핀 왁스에 비해 연소 시간이 30~50% 정도 길며 그을음이 거의 없고 깨끗하게 연소됩니다. 소이 캔들이 크게 컨테이너 캔들과 필라 캔들로 나뉘듯 소이 왁스도 융점이 낮은 컨테이너용과 융점이 높은 필라용 소이 왁스 두 가지로 나뉩니다. 어떤 종류의 캔들을 만들지 정하고 그에 맞는 왁스를 선택해야 합니다. 컨테이너용 왁스는 용기에 잘 밀착되며 필라용 왁스는 수축률이 높아 몰드에서 분리하기 쉽습니다. 제조사별로 레시피가 달라 캔들의 특징에 맞는 제조사를 사용하면 됩니다.

- **컨테이너 왁스** *현재 우리나라에 수입되는 소이 왁스 기준
· 네이처 왁스: 초보자용으로 추천합니다. 온도에 큰 영향 없이 표면이 매끄럽게 나오지만 유리에 밀착력이 약해서 표면이 분리되기도 합니다. 골든 왁스보다 발향력이 낮고, 조색 시 프로스팅 현상이 심한 편입니다.
· 골든 왁스: 유리에 밀착력이 높고, 발향력이 네이처 왁스보다 좋습니다. 온도에 많이 민감하므로 잘 확인해야 합니다. 조색 시 프로스팅 현상이 심한 편입니다.
· 에코 소야 왁스: 표면이 매끄럽고 안정적이고 프로스팅 현상이 거의 없습니다. 네이처 왁스, 골든 왁스보다 가격이 높습니다. 색상이 있는 컨테이너 캔들을 제작할 때 추천합니다.

종류	네이처 왁스	골든 왁스		에코 소야 왁스		
제품명	C-3	GW-464	GW-444	CB-Advenced	CB-135	Pillablend(PB)
융점(녹는점)	52.2°C	46~48°C	48~51°C	43°C	50°C	54.5°C
권장 붓는 온도	50~55°C	60~70°C	60~70°C	50~55°C	50~55°C	80~85°C
용도	컨테이너	컨테이너	컨테이너	컨테이너	킨테이너	실라(몰드용)
향료 첨가 온도	· 권장 붓는 온도보다 5°C 높은 온도에서 섞어주세요.					
향료 권장 첨가율	· 5~12%, 왁스에 따라 최대 향 로드율을 확인합니다. 각 제품 MSDS를 참고하세요. · 프래그런스 오일: 5%(최대 10%)					

Wax

- **필라용 소이 왁스** *현재 우리나라에 수입되는 소이 왁스 기준

· 에코 소야 필라 왁스: 소이 왁스를 주성분으로 100% 천연 식물성 왁스만을 사용하여 배합한 왁스입니다. 프래그런스 오일 혼합 시 산발적인 형태의 프로스팅 현상이 있습니다. 에코 소야 필라 왁스는 수축률이 적어 여름철 기온이 높을 때는 수축되지 않아 몰드에서 분리되지 않을 수 있습니다. 비즈 왁스를 혼합하여 사용하거나 냉장에 잠깐 보관하여 몰드에서 분리시켜 주세요.

· 뉴소이 필라 왁스: 소이 왁스를 주성분으로 100% 천연 식물성 왁스만을 사용하여 배합되었습니다. 에코 소야 필라 왁스에 비해 더 높은 융점과 단단함을 가지고 있습니다. 완성 후에는 약간의 광택감이 있으며 천연 왁스 특성상 입고 시마다 약간의 색상 차이가 있습니다. 왁스가 단단하기 때문에 겨울철 추운 온도에서 굳히다 표면에 금이 갈 수 있는 단점이 있습니다.

· 데일리 필라 왁스: 주성분이 식용콩인 식물성 왁스로 몰드에서 탈형이 쉬우며 타사의 필라 왁스보다 표면이 부드럽고 균일하게 표현되어 품질이 좋은 캔들을 만들 수 있습니다. 표면이 매끈하게 나와야 하는 캔들을 만들 때 사용하면 좋습니다. 약 30% 파라핀 왁스가 함유되어 있어 천연 왁스라고 보기는 어렵습니다.

종류	에코 소야 필라 왁스	뉴소이 필라 왁스	데일리 필라 왁스
제품명	에코 소야 PB	CW뉴소이 PB	Daily Soy Pilla Wax
융점(녹는점)	50~55°C	52~58°C	54.5°C
권장 붓는 온도	75~80°C	80~85°C	80~85°C
향료 첨가 온도	· 권장 붓는 온도보다 5°C 높은 온도에서 섞어주세요.		
향료 권장 첨가율	· 5~10(12)%, 왁스에 따라 최대 향 로드율 확인하세요. 각 제품 MSDS를 참고하세요. · 프래그런스 오일: 5%(최대 10%)		

비즈 왁스 *Bees Wax*

- 융점: 62~63°C, 붓는 온도: 70~80°C
- 벌집을 만들기 위해 꿀벌이 분비하는 물질인 밀랍을 이용하여 만든 천연 왁스입니다. 자연 항생제라 불리는 프로폴리스가 다량 함유되어 있어 공기 중의 세균 번식을 억제하며, 호흡기 기능 강화에 좋습니다. 비즈 왁스로 만들면 연소할 때 나오는 이산화탄소나 그을음 등이 매우 적으며 습기 및 악취 제거에도 효과가 있습니다. 또한 따로 향을 첨가하지 않아도 은은한 꿀의 향기가 나서 심리적인 안정감을 주어 명상할 때 자주 이용되기도 합니다. 정제(흰색), 비정제(노란색), 시트 타입 등이 있습니다. 천연 밀랍의 특성상 수축 현상이 다소 심한 편이며, 다른 왁스에 비해 가격이 비싼 것이 단점입니다. 또한 붓는 온도가 높으면 완성된 캔들이 갈라지거나 표면에 기포가 생길 수 있습니다.

팜 왁스 *Palm Wax*

- 독특한 결정 모양을 원할 때 권장 붓는 온도: 88~95°C(95°C에 부음)
- 결정이 없는 모양을 원할 때 권장 붓는 온도: 60~62°C(62°C에 부음)
- 향 로드율: 3~5(7)%
- 융점: 71°C, 붓는 온도 95°C 이상
- 야자나무 열매에서 추출되는 식물성 왁스로 결정이 생긴 팜 왁스는 모두 크리스털 팜 왁스(Crystal Palm Wax)라 불리고 눈꽃 결정, 얼음 결정 등으로 결정의 모양에 따라 구별됩니다. 제조사마다 결정의 모양이 조금씩 다르며, 동일한 팜 왁스를 사용하더라도 왁스를 붓는 온도나 사용한 몰드의 종류, 주위 온도 등 만드는 환경에 따라 여러 가지 변수에 의해 결정 모양이 다를 수 있습니다. 융점이 높은 편이며 붓는 온도를 95°C 이상으로 올려줘야 몰드와의 온도 차이에 의해서 크리스털 모양이 더 잘 표현됩니다. 팜 왁스는 필라용과 컨테이너용으로 둘 다 사용 가능하고, 표면이 단단하고 매끄러워 탈형이 쉬운 장점이 있습니다.

젤 왁스 *Gel Wax*

미네랄 오일(Mineral Oil)과 폴리머(Polymer)를 일정 비율로 혼합한 후 가열하여 만들어지는 왁스로 젤 왁스는 폴리머의 양에 따라 MP(Medium polymer), HP(High polymer), SHP(Super High polymer) 등 세 가지 종류로 구분됩니다. 젤 왁스는 대체로 유분이 많고 빠른 속도로 경화됩니다. 투명한 특성을 살려 젤 홀더, 에이드 캔들, 워터 볼 등 다양하게 활용되고 있습니다. 젤 왁스는 장애물이 많으면 기포가 많이 생기므로, 부을 때 낮고 천천히 부어줍니다. 왁스를 저을 때는 시약 스푼이나 유리 막대를 사용하여 저어주세요. 왁스 대비 향료를 3%만 넣어야 적당합니다. 젤 전용 심지와 향료를 사용해야 하며 인공 왁스라 태우지 않고 주로 관상용으로 사용합니다.

종류	MP	HP	SHP
융점(녹는점)	90°C	90°C	100°C
붓는 온도	95~100°C	95~105°C	110~115°C
특징	· 미네랄 오일의 함량이 세 개 중 가장 많고 폴리머의 함량이 적은 편 입니다. · 컨테이너에 사용하는 왁스입니다.	· 과일 첨가물, 플로팅 젤리 향초(물에 띄우는 초) 등 용기에 담기지 않는 경우에 사용합니다.	· HP보다 조금 더 단단한 왁스가 필요할 때 사용합니다. 여름철이나 상온에 있어도 잘 녹지 않는 형태를 만들 때 사용합니다.

파라핀 왁스 *Paraffin Wax*

· 종류: 저온 파라핀 왁스, 표준 파라핀 왁스, 고온 파라핀 왁스
· 파라핀 왁스는 석유를 정제하는 과정에서 생긴 부산물이며, 향초로 사용하기 위해 다시 정제해서 만든 인공 왁스입니다. 일반적으로 반투명하고 광택감이 돌고 딱딱한 형태를 가지고 있습니다.
· 융점에 따라 저온, 표준(일반), 고온으로 나눕니다.

종류	저온 왁스	표준 왁스	고온 왁스
융점(녹는점)	약 52°C 내외	약 60°C 내외	약 70°C 내외
용도	컨테이너	필라 캔들	홀더
특징	· 끈적하고 부드러워 절단이 쉽습니다.	· 단단하지만 망치 등의 외부 충격에 부서집니다.	· 매우 단단합니다.

캔들을 만들 때 생기는 문제

웻 스팟 현상 *Wet Spot*

컨테이너에서 왁스가 들떠서 유리 용기 표면이 얼룩덜룩해지는 현상입니다. 실내 온도가 높은 여름에는 잘 나타나지 않습니다. 공기가 차가운 겨울에는 유리에서 왁스가 모두 떨어져 그나마 깨끗해 보이지만, 온도가 예민한 봄과 가을에는 얼룩덜룩한 무늬가 생기곤 합니다. 웻 스팟은 눈에 거슬리는 요소일 뿐 캔들의 기능과는 아무런 상관이 없으며, 천연 왁스로 만드는 캔들의 자연스러운 수축 현상입니다. 계속 눈에 밟힐 만큼 신경 쓰이는 게 아니라면 그냥 사용하는 것도 방법입니다. 웻 스팟은 실내 온도에 따라 혹은 캔들을 태우고 나면 생기거나 사라지고 합니다.

웻 스팟의 대처 방법으로는 크게 세 가지가 있습니다. 첫 번째로는 불투명한 용기나 세라믹 용기를 이용하는 방법입니다. 얼룩덜룩한 무늬를 불투명한 용기를 사용하여 안 보이게 하는 것이지요. 두 번째로는 오븐이나 열풍기로 용기를 데우거나 왁스 온도를 높여서 부어주는 등 유리 밀착력을 높여주세요. 다만 실온에서 온도 변화로 다시 웻 스팟 현상이 심해질 수 있고, 공기가 차가운 겨울에는 성공률이 높지는 않습니다. 세 번째 방법은 냉장고에 넣어서 용기에서 왁스를 완전히 떨어뜨리는 방법입니다. 유리에 밀착된 곳보다 떨어진 곳이 많을 경우 좋습니다.

Problems With Making Candles

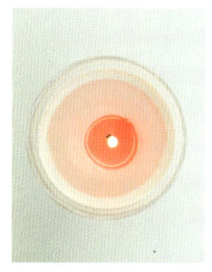

터널링 *Tunneling*

연소 중에 캔들 표면 전체가 골고루 녹지 않고 심지 주변만 수직으로 녹아 들어가는 현상을 말합니다. 한 번 캔들을 연소시킬 때는 최소 2~3시간 정도는 연소시켜야 캔들 표면 전체가 고루 녹아 터널링 현상을 막을 수 있습니다.

머시루밍 *Mushrooming*

심지가 셀프트리밍(Self-Trimming)이 되지 않고 불완전 연소로 인해 끝부분이 버섯 모양으로 뭉친 현상입니다. 심지가 지나치게 길거나, 또는 그 상태에서 장시간 연소했을 때 흔히 나타납니다.

프로스팅 *Frosting*

캔들 표면에 하얀 서리가 내려앉은 듯한 상태를 말합니다. 온도와 습도에 민감한 소이 캔들이 간혹 나타나는 자연스러운 현상으로 완벽히 없애는 것은 어렵습니다. 특히 염료를 작업한 캔들에 더 확연하게 드러납니다.

(tip)

컨테이너 캔들과 티라이트 캔들의 프로스팅 줄이는 방법
· 네이처 왁스, 골든 왁스 10 : 비즈 왁스 1
· 네이처 왁스, 골든 왁스 8 : 필라 왁스 2
· 에코 소야 100%로 제작

몰드 사용법

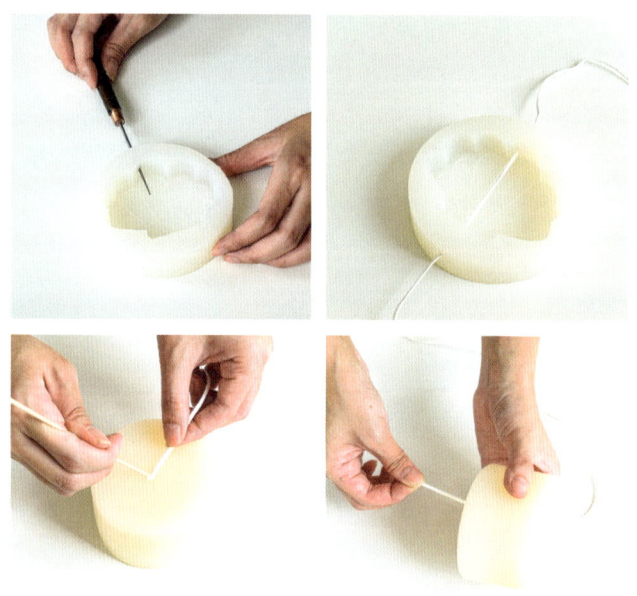

실리콘 몰드 *Silicone Mold*

실리콘 몰드를 처음 구입하면 심지 구멍을 직접 뚫어줘야 해요. 뾰족한 송곳이나 나무 꼬챙이로 몰드 중앙을 관통시켜 심지 구멍을 뚫어줍니다. 가로형 넓은 몰드는 심지를 일자로 관통시켜 연결해 주면 됩니다. 실리콘 몰드에 심지 연결 시 구멍이 작아 심지가 잘 들어가지 않기 때문에 뾰족한 도구를 사용하여 심지를 끼워주세요.

(tip)

심지 구멍을 너무 넓게 뚫어 구멍으로 왁스가 새어 나올 때 다부치를 붙일 수 없습니다. 실리콘 몰드에는 다부치가 붙지 않습니다. 심지 구멍으로 왁스가 새어 나올 땐 심지를 연결한 후 심지 주위로 왁스를 몇 방울 톡톡 떨어트려 구멍을 막아주시면 왁스가 새어 나오는 것을 방지시킬 수 있어요.

How To Use Mold

플라스틱 몰드 *Plastic Mold*

플라스틱 몰드 밑부분에는 기본적으로 심지 구멍이 있습니다. 먼저 바닥에 면 심지를 넣고 다부치로 꼼꼼하게 막아주면 왁스가 새어 나오는 것을 방지할 수 있어요. 몰드의 위아래를 구분하여 심지를 고정할 수 있도록 심지 길이를 조금 넉넉하게 잘라 맞추는 것이 좋습니다.

(tip)

몰드의 높이 끝까지 왁스를 부어버리면 심지를 잡아 당겨 탈형해야 하기 때문에 심지가 뽑히거나 망가질 수 있어요. 플라스틱 몰드 사용 시 몰드의 윗부분 1cm 정도 남겨놓고 왁스를 부어주면 쉽게 탈형이 가능해요.

Spring

꽃은 봄의 충만한 기분을 느끼게 한다. 꽃은 봄뿐만 아니라 설레는 마음도 담아낸다. 친한 친구의 결혼식 때 부케를 받게 된 일이 있었다. 받은 부케를 결혼한 친구에게 다시 돌려주고 싶었는데 말린 꽃을 캔들로 만드는 부케 캔들이 캔들 만드는 일의 시작이었다. 그래서인지 유독 꽃을 다루는 캔들을 만들 때면 더욱 애정이 간다. 꽃을 만지는 날이면 왠지 모르게 기분이 화사해진다. 꽃을 더욱 깊게 배우고 싶어 플라워 클래스 수업도 들으며 꽃을 보는 시야와 감각을 넓혔고 플로리스트라는 새로운 꿈도 준비 중이다. 찬란한 봄날 같은 새로운 세계도 기대된다.

플라워 캔들

light · 1

봄날의 햇살을
닮은

«» Make Tools

핫플레이트, 비커, 저울, 온도계, 가위,
심지 고정대(또는 나무젓가락), 칼, 다부치,
플라워 PC 몰드

«» Ingredients

· 필라용 소이 왁스 110g

· 고체 염료

· 프래그런스 오일

· 면 심지

blü

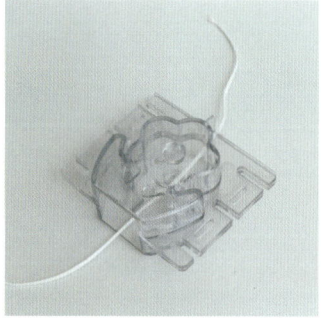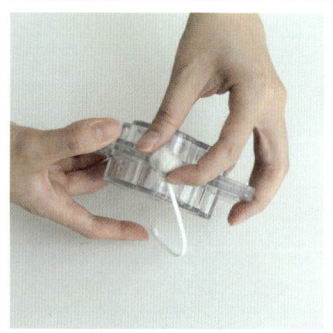

1 플라스틱 몰드에 면 심지를 연결하고 심지 구멍을 다부치로 막아줍니다.

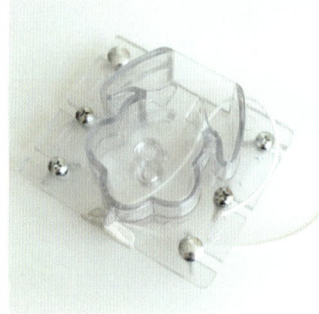

2 홈 부분에 나사를 끼워 고정시켜 줍니다.

3 핫플레이트에 필라용 소이 왁스 60g을 녹여줍니다. 녹인 왁스의 온도가 100℃가 되면
고체 염료를 넣고 골고루 섞어 원하는 색으로 조색합니다.

4 왁스의 온도가 85℃가 되면 프래그런스 오일을 계량(왁스 용량의 5~10%)하여 넣고 섞어줍니다.

5 왁스의 온도가 80℃가 되면 준비된 몰드에 부어줍니다.

6 꽃의 줄기를 만들기 위해 3~5번 과정을 반복합니다. 필라용 소이 왁스 50g을 녹여줍니다.

7 5의 꽃 모양 왁스가 어느 정도 굳으면 6의 줄기용 왁스를 몰드에 부어줍니다.

8 왁스가 완전히 굳으면 몰드에서 분리합니다.

9 심지를 자르고 완성합니다.

티라이트 캔들

light · 2   작은 꽃송이가
               모여

‹›› Make Tools

핫플레이트, 비커, 저울, 온도계, 칼,
티라이트 용기

‹›› Ingredients

· 컨테이너용 소이 왁스 15g
· 고체 염료
· 프래그런스 오일
· 티라이트용 심지

티라이트 캔들

1 핫플레이트에 컨테이너용 소이 왁스 15g을 녹여줍니다. 녹인 왁스의 온도가 90℃가 되면
   고체 염료를 넣고 골고루 섞어 원하는 색으로 조색합니다.

2 왁스의 온도가 75℃가 되면 프래그런스 오일을 계량(왁스 용량의 5~10%)하여 넣고 섞어줍니다.

3 왁스의 온도가 65℃가 되면 준비된 티라이트 용기에 부어줍니다.

1 왁스가 테두리부터 살짝 굳기 시작하면 티라이트용 심지를 중앙에 넣어 고정해 줍니다.

5 완전히 굳으면 심지를 자르고 완성합니다.

오로라 캔들

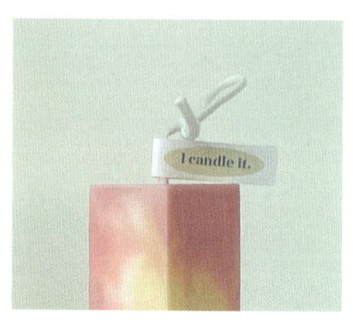

light · 3 　　오묘한 봄의
　　　　　　　하늘

«» **Make Tools**

핫플레이트, 비커, 저울, 온도계, 가위,
심지 고정대(또는 나무젓가락), 칼, 나무 막대,
나무 꼬챙이, 종이컵, 사포, 다부치,
플라스틱 몰드

«» **Ingredients**

· 필라용 소이 왁스 140g
· 고체 염료
· 프래그런스 오일
· 면 심지

1 플라스틱 몰드에 면 심지를 연결한 후 심지 구멍을 다부치로 막아줍니다.

2 핫플레이트에 필라용 소이 왁스 60g을 녹여줍니다.

3 녹인 왁스를 두 개의 종이컵에 나눠 각각 원하는 색으로 조색합니다.

(tip) 조색 시 화이트 염료를 넣으면 뽀얀 색상으로 만들 수 있습니다.

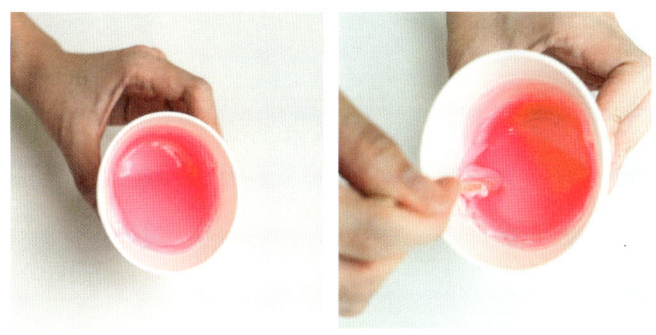

4 왁스가 점점 굳으면서 막이 생길 때쯤 나무 막대로 저어
흐르는 크림의 제형으로 만들어줍니다.

5 흐르는 크림 제형이 된 두 컬러의 왁스를 몰드 밑바닥에 부어주고
몰드를 굴려 벽면을 코팅해 줍니다.

6 떠지는 크림 제형이 된 왁스를 나무 막대를 사용해 적당한 두께로 벽면에 발라줍니다.

7 몰드에 2차로 부을 필라용 소이 왁스 80g을 녹여 원하는 색으로 조색하고,
   왁스의 온도가 75℃가 되면 프래그런스 오일을 넣어줍니다.

8 왁스의 온도가 65~70℃가 되면 몰드에 부어줍니다.

9 어느 정도 굳고 나면 히팅툴로 몰드 벽면을 밑에서부터 윗부분까지 녹여줍니다. (tip)

(tip)   히팅툴로 너무 많이 녹이면 전체적으로 색상이 섞이니 적당히 녹여주세요.

10 중간에 생긴 기포들은 나무 꼬챙이로 제거해 줍니다.
히팅툴로 윗부분 왁스를 평평하게 만든 후 굳혀줍니다.

 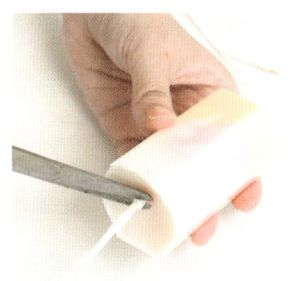 

11 완전히 굳으면 몰드에서 떼어내어, 심지를 정리해 줍니다.
사포로 바닥을 다듬어 완성합니다.

시크릿 캔들

light · 4   은은한 향기를
머금은

«» **Make Tools**

핫플레이트, 비커, 저울, 온도계, 가위,
심지 고정대(또는 나무젓가락), 다부치,
플라스틱 몰드

«» **Ingredients**
· 필라용 소이 왁스 70g
· 프래그런스 오일
· 면 심지
· 염료

1 플라스틱 몰드에 면 심지를 연결하고 심지 구멍을 다부치로 막아줍니다.

2 핫플레이트에 필라용 소이 왁스 70g을 녹여주고, 왁스 온도가 85℃가 되면
프래그런스 오일을 계량(왁스 용량의 5~10%)하여 넣고 섞어줍니다.

3 왁스의 온도가 80℃가 되면 준비한 몰드에 부어줍니다.
심지 고정대로 심지를 고정합니다.

4　왁스가 점점 굳으면서 테두리에 2~3mm 정도의 막이 생겼을 때
가운데 심지를 잡고 돌려줍니다.

5　액체 상태가 된 가운데 왁스를 미니 비커에 덜어, 가운데를 비워줍니다.

6　덜어낸 왁스는 안에 채워줄 색상으로 조색합니다.

(tip)　바디 안에 숨겨진 왁스를 쨍하고 진한 색상으로 만들면, 연소 시 더 선명하게 녹는 모습을 볼 수
있습니다. 채워지는 왁스를 너무 높은 온도에서 부으면 바디 부분이 녹거나 색이 비쳐요.

7 왁스의 온도가 50~55℃가 되면 몰드에 부어 채워줍니다.

8 채운 왁스가 어느 정도 굳으면 조색하지 않은 왁스를 살짝 부어 윗면을 메꿔줍니다.

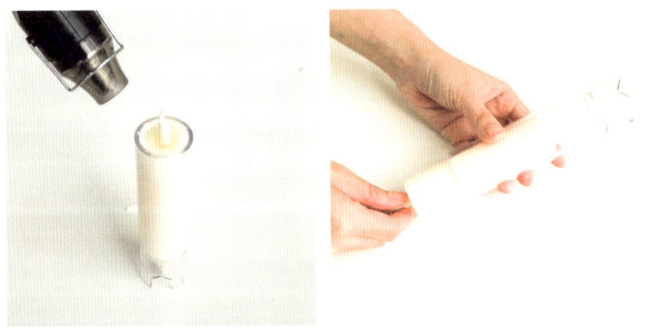

9 왁스가 완전히 굳으면 몰드에서 떼어내어 완성합니다.

시크릿 캔들

허브 캔들

light · 5   봄의 향기를
                 가득 담은

«» **Make Tools**

핫플레이트, 비커, 저울, 온도계, 가위,
심지 고정대(또는 나무젓가락), 칼, 핀셋,
니퍼, 유리 용기

«» **Ingredients**

· 컨테이너용 소이 왁스 110g
· 고체염료
· 프래그런스 오일
· 면 심지
· 심지 탭
· 심지 탭 스티커
· 드라이 플라워

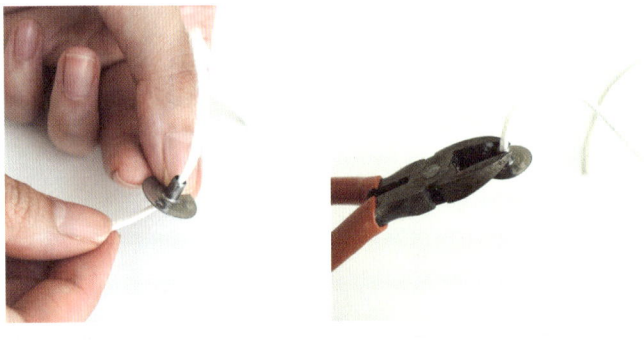

1   면 심지를 심지 탭에 끼워 니퍼로 조여줍니다.

2   심지 탭 바닥에 심지 탭 스티커를 붙이고 유리 용기 중앙에 붙여 고정합니다.

3   핫플레이트에 컨테이너용 소이 왁스 110g을 녹여주고, 녹인 왁스의 온도가 75℃가 되면
프래그런스 오일을 계량(왁스 용량의 5~10%)하여 넣고 섞어줍니다.

4 왁스의 온도가 65℃가 되면 준비된 유리 용기에 부어줍니다.
심지가 움직이지 않도록 심지 고정대로 고정합니다.

5 왁스가 테두리부터 굳기 시작하면 핀셋으로 드라이 플라워를 얹어 디자인해 줍니다.

6 완전히 굳으면 심지를 정리하고 완성합니다.

가드닝 캔들

light · 6   봄의 싱그러운
             기운

«» Make Tools

핫플레이트, 비커, 저울, 종이컵, 가위,
나무 막대, 나무 꼬챙이, 유리 용기

«» Ingredients

· 크리스털 팜 왁스 90g

· 액체 염료

· 프래그런스 오일

· 다육이 왁스

· 데코용 돌

· 면 심지

1 크리스털 팜 왁스를 두 개의 종이컵에 소분해 줍니다.
디자인에 따라 흙과 풀의 용량을 임의로 정해주세요.

2 준비된 왁스에 각각 흙과 풀 색깔로 액체 염료를 넣어 조색합니다.

3 조색이 끝난 왁스에 프래그런스 오일을 2~3방울 넣어 섞어줍니다.

4 준비된 유리 용기에 흙 색으로 조색한 팜 왁스를 부어줍니다.

5 풀 색 팜 왁스를 윗부분에 덮어줍니다.

6 준비된 다육이 왁스를 꽂아 데코해 줍니다. 데코용 돌도 얹어주세요.

7 면 심지를 나무 꼬챙이에 돌돌 말아 왁스에 꽂아줍니다. ^(tip)

8 주변을 정리해 완성합니다.

(tip)   코팅된 면 심지를 사용해야 돌돌 말아집니다.

플라워 타블렛

light · 7   봄의 향기를
            간직하기 위해

«» **Make Tools**

핫플레이트, 비커, 저울, 온도계, 핀셋,

타블렛 실리콘 몰드, 히팅툴

«» **Ingredients**

· 필라용 소이 왁스 35g

· 프래그런스 오일

· 드라이 플라워

· 아일릿

· 노끈

플라워 타블렛

1 핫플레이트에 필라용 소이 왁스 35g을 녹여줍니다. 녹인 왁스의 온도가 85℃가 되면
프래그런스 오일을 계량(왁스 용량의 5~10%)하여 넣고 섞어줍니다.

2 왁스의 온도가 80℃가 되면 준비된 타블렛 몰드에 부어줍니다.

3 왁스가 테두리부터 굳기 시작하면 핀셋으로 드라이 플라워를 얹어줍니다.

4 울퉁불퉁한 부분은 히팅툴로 녹여 표면을 매끈하게 정리한 후
완전히 굳으면 몰드에서 떼어냅니다.

5 아일릿으로 타공 부분을 마감한 뒤 아일릿과 노끈을 연결해 완성합니다.

드라이 플라워 만들기

Make Tools: 생화, 실리카 겔, 밀폐 용기, 장갑

1. 밀폐 용기에 실리카 겔을 바닥에 넓게 2cm로 깔아줍니다.
2. 실리기 겔 위에 생회를 얹어줍니다.
3. 실리카 겔로 꽃의 머리까지 꼼꼼하게 덮어주세요.
4. 뚜껑을 닫고 그늘진 곳에 5일 정도 말려주세요.

플라워 타블렛

플라워 젤 홀더

light · 8   아지랑이처럼
향긋한

«» **Make Tools**

핫플레이트, 비커, 저울, 온도계,
유리 용기, 유리 홀더(3oz 용기), 히팅툴,
핀셋

«» **Ingredients**
· MP 젤 왁스
· HP 젤 왁스
· 드라이 플라워

1 핫플레이트에 젤 왁스 MP와 HP를 1:2의 비율로 녹여줍니다.^(tip)

2 유리 용기에 유리 홀더를 중앙에 넣고 용기와 홀더 사이를 드라이 플라워로 꾸며줍니다.

3 녹인 젤 왁스의 온도가 100℃가 되면 유리 용기에 천천히 부어줍니다. 이 때 유리 홀더 안으로 왁스가 들어가지 않도록 주의합니다. 히팅툴로 기포를 제거한 뒤 굳혀 완성합니다.

(tip)   HP 젤 왁스를 섞어서 쓰면 더 단단한 제형의 홀더로 만들 수 있습니다.

플라워 젤 홀더

플라워 디퓨저

light · 9 　　나만의 작은
　　　　　　 꽃밭

«» **Make Tools**

유리 비커, 저울, 유리 막대,
디퓨저 용기, 가위, 핀셋

«» **Ingredients**

· 디퓨저 베이스
· 프래그런스 오일
· 드라이 플라워
· 디퓨저 스틱

/ 디퓨저 베이스와 프래그런스 오일을 7:3의 비율로 계량해 줍니다.

2 유리 막대로 잘 저어 섞어줍니다.

3 디퓨저 용기에 드라이 플라워를 넣어줍니다.

(tip) 디퓨저 베이스는 에탄올 성분이라 2주 동안 숙성시키고 사용하면 더욱 진한 향을 느끼실 수 있습니다.

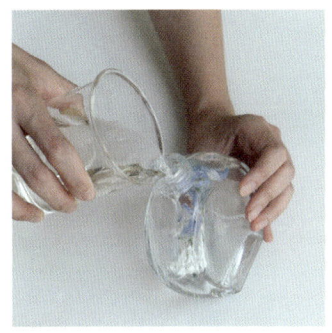

4 준비된 용액을 용기에 부어 완성합니다.

Summer

여름의 낮과 밤은 길다. 해가 늦게
지는 낮과 가벼운 차림으로 야외에서 늦게까
지 보낼 수 있는 밤이 좋다. 특히 여름밤 야
외 테라스에서 마시는 맥주, 선선한 곳에 피
크닉 매트를 펼쳐놓고 잔잔한 음악을 들으며
달콤한 디저트와 시원한 에이드를 마시며 이
여름을 즐긴다. 왠지 모르게 기분도 마음도
즐거운 마음이 드는 상쾌한 기분이다.

꿉꿉한 장마철에는 출근해서 가장 먼저 하는 일은 초를 켜는 일이다. 캔들은 꿉꿉한 공기를 바꿔주고, 은은한 향기가 천천히 퍼져 덩달아 축 처진 기분도 좋아지게 만든다.

디저트 크림 제작 방법

크림은 디저트 캔들을 제작하는데 있어서 중요한 과정입니다.
휘핑된 부드러운 크림을 만들어 놓으면 멜팅, 파이핑, 샌딩 작업까지
제형별로 응용이 가능하니 차근차근 따라해 보세요.

샌딩 크림

Make Tools   핫플레이트, 비커, 종이컵, 저울, 헤라(또는 나무젓가락), 휘핑기

Ingredients   컨테이너용 소이 왁스 200g

1. 핫플레이트에 컨테이너용 소이 왁스 200g을 녹여줍니다.

2. 종이컵에 소분한 왁스가 어느 정도 막이 생겼을 때쯤 헤라로 저어 크림 제형으로 만들어줍니다.

3. 헤라로 왁스를 떴을 때 크림 치즈 제형이 되었는지 확인해 줍니다.

4. 휘핑기로 알갱이가 없는 부드러운 크림 제형이 되도록 충분히 휘핑해 줍니다.

(tip)   4에서 크림 왁스가 아이보리에서 화이트 색상으로 변하면서 크림 제형이 됩니다.

Cream Making

멜팅 크림

Make Tools 종이컵, 돌림판, 유리컵, 헤라(또는 나무젓가락), 종이 포일

멜팅 크림은 너무 묽지 않고 되직한 단계의 요플레 같은 농도입니다. 헤라로 크림을 높이 떴을 때 크림이 묵직하게 뚝뚝 떨어져야 해요. 동그란 유리컵 또는 원형 실리콘 몰드에 충분히 연습한 뒤 케이크 캔들에 실습해 보는 것을 추천합니다. 멜팅 크림에 프래그런스 오일을 첨가하면 프로스팅 현상을 유발할 수 있으니 생략하는 게 좋아요.

1. 샌딩 크림이 담긴 종이컵 입구를 모아 유리컵 중간과 끝부분 사이에 크림을 덜어 부어줍니다.

2. 종이컵 끝부분으로 크림을 살짝 톡톡 밑으로 내려줍니다.

3. 원하는 길이만큼 흘렀으면 돌림판을 천천히 돌리면서 같은 방법으로 계속 부어주세요.

4. 원형을 채워 완성합니다.

(tip) 크림이 너무 묽으면 바닥으로 다 흐르고, 크림이 너무 무거우면 금방 굳어 모양이 잡히지 않습니다. 작업 시 크림이 굳기 시작하면 히팅툴로 데워 크림의 농도를 유지해 주세요.

Cream Making

파이핑 크림

Make Tools 종이컵, 일회용 짤주머니, 별 깍지, 헤라, 나무젓가락

왁스의 특성상 금방 굳기 때문에 따뜻한 실내 온도와 따뜻한 손으로 빠르게 파이핑 해야 하는
특징이 있습니다. 깍지별로 모양과 각도를 손에 익히면 여러 디저트 캔들에 응용할 수 있어요.

1.. 일회용 짤주머니의 뾰족한 부분
을 가위로 2cm가량 잘라줍니다.

2.. 준비된 깍지를 넣어줍니다.

3.. 종이컵에 깍지를 위로 향하도록
뒤집어 짤주머니를 종이컵에 씌
워주세요

4.. 준비된 짤주머니에 샌딩 크림을
넣어줍니다.

(tip)　　짤주머니를 많이 자르게 되면 파이핑 중 깍지가 앞으로 튀어나와요.

Cream Making

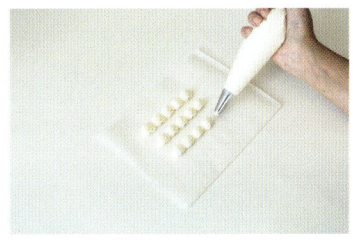

5... 짤주머니에 공기가 차 있기 때문
에 나무젓가락으로 크림 사이에
공기를 빼주세요.

6... 손의 각도를 45℃로 유지하면서
바닥에서 1cm 정도 떨어진 상태
에서 크림을 짭니다.

7... 손목을 앞쪽에서 뒤쪽으로 동그
랗게 짜면서 바닥에 붙일 때는 손
에 힘을 빼 마무리합니다.

(tip) 크림이 묽고, 흐르는 제형일 때 짤주머니에 넣으면 깍지에서도 크림이 흘러 모양이 다 무너지고
망가져요. 꼭 크림 치즈의 제형을 기억해 주세요.

디저트 크림 제작 방법

조개 그라데이션
캔들

light · 1

푸른 바다를
담은

«» **Make Tools**

핫플레이트, 비커, 저울, 온도계, 칼,
가위, 조개 실리콘 몰드

«» **Ingredients**

· 필라용 소이 왁스 90g
· 고체 염료
· 프래그런스 오일
· 면 심지

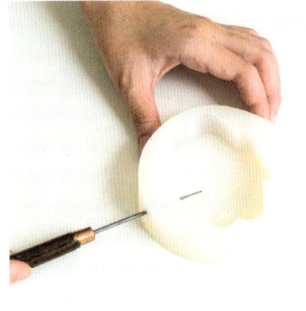

1 실리콘 몰드에 면 심지를 연결해 줍니다.

2 핫플레이트에 필라용 소이 왁스 90g을 녹여 두 개의 비커로 나눠줍니다. 녹은 왁스의
온도가 90℃가 되면, 비커 한 개에만 고체 염료로 원하는 색상으로 조색합니다.^(tip)

3 왁스의 온도가 80℃가 되면 프래그런스 오일을 계량_(왁스 용량의 5~10%)하여
넣은 후 섞어줍니다.

(tip)   각각 대비되는 색으로 조색하면 색을 구분하기 좋습니다.

4 두 비커의 왁스 온도가 75℃가 되면 준비된 몰드에 동시에 부어줍니다. ^(tip)

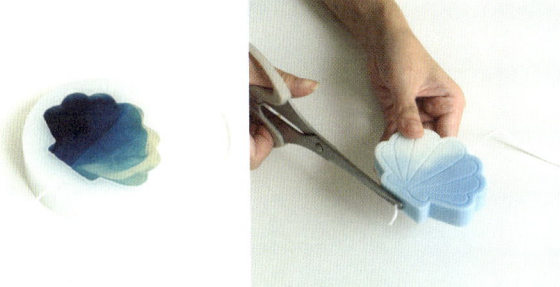

5 왁스가 완전히 굳으면 몰드에서 떼어내고, 심지를 정리해 완성합니다.

(tip)   너무 높은 온도에서 왁스를 부으면 두 개의 색이 섞이게 됩니다.

복숭아 캔들

light · 2   달콤한
                여름의 맛

«» **Make Tools**

핫플레이트, 비커, 저울, 온도계,
가위, 칼, 복숭아 실리콘 몰드,
심지 고정대(또는 나무젓가락), 스펀지,
블렌딩 솔루션

«» Ingredients

· 필라용 소이 왁스 130g

· 고체 염료(살구)

· 프래그런스 오일

· 면 심지

· 알코올 잉크

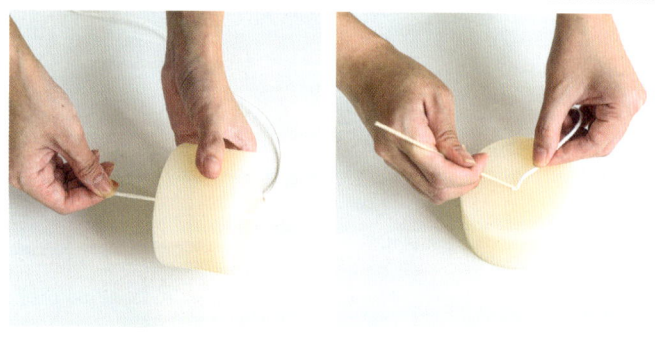

1 실리콘 몰드에 면 심지를 연결해 줍니다.

2 핫플레이트에 필라용 소이 왁스 130g을 녹이고, 녹인 왁스의 온도가 90℃가 되면
살구색 고체 염료를 넣고 골고루 섞어 조색합니다.

3 녹인 왁스의 온도가 85℃가 되면 프래그런스 오일을 계량_(왁스 용량의 5~10%)하여
넣은 후 섞어줍니다.

4 왁스의 온도가 80℃가 되면 준비된 실리콘 몰드에 부어줍니다.
심지 고정대로 심지를 고정해 줍니다.

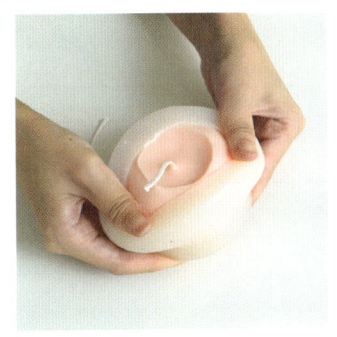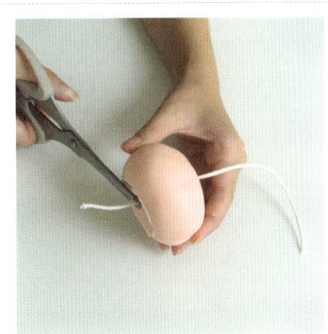

5 완전히 굳으면 몰드에서 떼어내어 심지를 정리합니다.

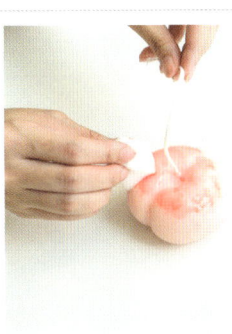

6 스펀지에 복숭아 색보다 짙은 알코올 잉크를 묻혀
복숭아 윗부분에 톡톡 묻혀가며 채색해 줍니다.

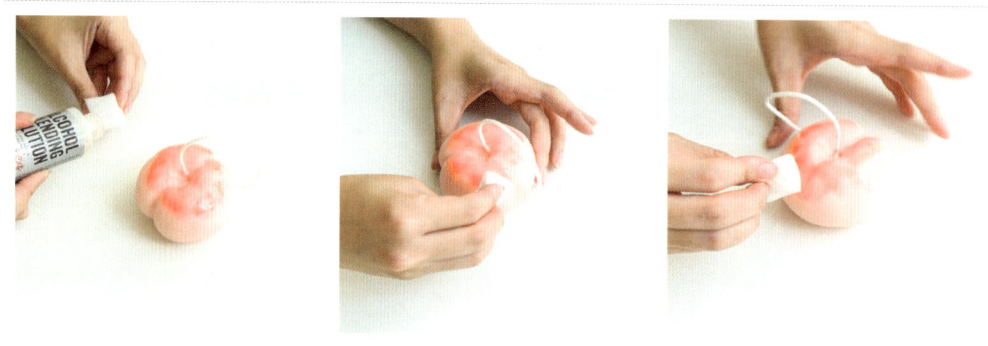

7 블렌딩 솔루션으로 블렌딩을 해주며 자연스럽게 경계선을 풀어줍니다.

8 알코올 잉크를 건조하여 완성합니다.

(tip)   블렌딩 솔루션 대신 에탄올을 사용해도 됩니다.

복숭아 캔들

아이스크림 캔들

light · 3 　　　알록달록한
　　　　　　아이스크림 세상

<» Make Tools

핫플레이트, 비커, 저울, 온도계, 보울,
종이컵, 가위, 나무 막대, 나무 꼬챙이,
니퍼, 아이스크림 스쿱, 종이 포일, 장갑

<» Ingredients

· 필라용 소이 왁스 200g
· 액체 염료
· 프래그런스 오일
· 면 심지
· 심지 탭

1 핫플레이트에 필라용 소이 왁스 200g을 녹여준 후, 녹인 왁스를 두 개의 종이컵에 소분해
크림 제형으로 만들어줍니다.

2 크림 제형이 된 왁스에 액체 염료로 원하는 색상으로 조색합니다.

3 조색한 크림 왁스에 프래그런스 오일을 3~4방울 떨어트려 섞어줍니다.

1 왁스가 쫀득쫀득한 제형의 크림 왁스가 되면 보울에 담아 준비해 주세요.

5 아이스크림 스쿱으로 두 개의 왁스를 번갈아 가득 퍼주세요.

6 스쿱의 안쪽까지 가득 차도록 손으로 꾹꾹 눌러주세요.
왁스를 고봉밥처럼 쌓아 올려주세요.

7 종이 포일 위에 아이스크림의 테두리가 살짝 튀어나올 정도로 스쿱을 눌러주세요.

8 스쿱 손잡이를 눌러 아이스크림 왁스를 빼줍니다.
너무 세게 스쿱을 열면 왁스가 깨질 수 있어요.

9 아이스크림의 테두리를 손으로 정리해 줍니다.

10 나무 꼬챙이를 중앙에 꽂아 심지 구멍을 뚫어줍니다.

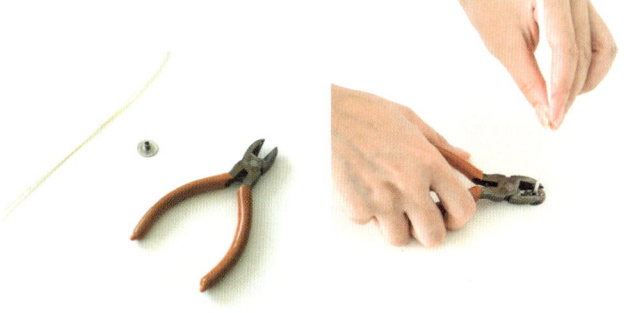

11 심지 탭에 심지를 끼워 니퍼로 밑부분을 조이면서
심지가 빠지지 않도록 고정해 줍니다.

12 심지를 아이스크림에 연결해 줍니다. 심지 윗부분을 자른 후 마무리합니다.

마카롱 캔들

light · 4   시원한 에이드와
              함께

<«» Make Tools

핫플레이트, 비커, 저울, 온도계, 나무
막대, 나무 꼬챙이, 마카롱 몰드, 니퍼,
종이컵

<«» Ingredients

· 필라용 소이 왁스 120g

· 액체 염료

· 파이핑 크림(p88 참고)

· 짤주머니

· 깍지

· 면 심지

· 심지 탭

마카롱 캔들

1 핫플레이트에 필라용 소이 왁스를 120g 녹인 후
녹인 왁스를 두 개의 종이컵에 나눠 담습니다.

2 각각 다른 색의 액체 염료로 원하는 색상으로 조색합니다.

3 녹인 왁스의 온도가 80℃가 되면 프래그런스 오일을 계량(왁스 용량의 5~10%)하여
넣은 후 섞어줍니다.

4 왁스의 온도가 70~75℃가 되면 준비된 마카롱 몰드에 동시에 부어줍니다.

5 부어놓은 왁스가 어느 정도 굳으면 나무 꼬챙이를 중앙에 꽂아 심지 구멍을 만들어줍니다.

6 왁스가 90% 굳으면 몰드에서 떼어낸 후 나무 꼬챙이로 심지 구멍을 관통시켜 줍니다.

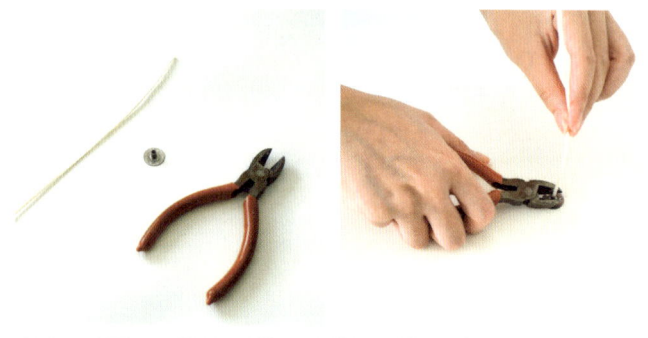

7 심지 탭에 심지를 끼워 니퍼로 밑부분을 조이면서
심지가 빠지지 않도록 고정해 줍니다.

8 마카롱의 바닥 부분으로 쓸 왁스에 심지 탭에 연결해 놓은 심지를 끼워줍니다.

 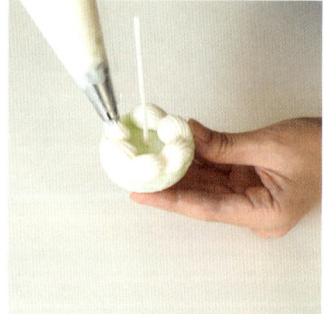

9 파이핑 크림 왁스를 짤주머니에 넣어 준비합니다.
마카롱의 밑면에 동그랗게 파이핑을 해줍니다.

(tip)   짤주머니에서 크림이 굳어서 잘 나오지 않으면 히트툴로 짤주머니를 데워주세요.

10 마카롱 윗면을 심지에 꽂아 크림에 살짝 눌러 고정합니다.

11 심지 정리 후 완성합니다.

베어 케이크 캔들

light · 5   여름 피크닉
              준비물

«» **Make Tools**

핫플레이트, 비커, 저울, 온도계, 가위,
원형 실리콘 몰드, 나무 꼬챙이, 헤라,
돌림판

«» **Ingredients**

· 필라용 소이 왁스 120g
· 컨테이너용 소이 왁스 200g
· 액체 염료
· 프래그런스 오일
· 심지
· 곰돌이 토핑
· 돌림판
· 짤주머니
· 깍지
· 케이크 받침대

/ 핫플레이트에 필라용 소이 왁스 120g을 녹여줍니다. 녹인 왁스의 온도가 90℃가 되면
액체 염료로 원하는 색상으로 조색합니다.

2 녹인 왁스의 온도가 85℃가 되면 프래그런스 오일을 계량(왁스 용량의 5~10%)하여
넣은 후 섞어줍니다.

3 녹인 왁스의 온도가 80℃가 되면 준비된 몰드에 부어줍니다.

4 부어놓은 왁스가 어느 정도 굳으면 나무 꼬챙이를 중앙에 꽂아
심지 구멍을 만들어줍니다.

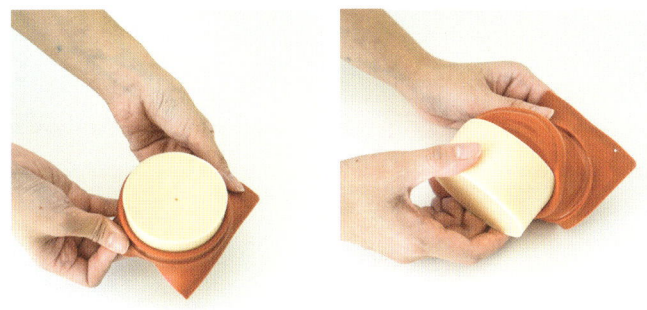

5 왁스가 90% 굳으면 몰드에서 떼어내 주세요.

6 멜팅 크림과 파이핑 크림을 만들기 위해 핫플레이트에
컨테이너용 소이 왁스 200g을 녹여줍니다.

(tip)   멜팅 크림 p87 참고

베어 케이크 캔들

7 케이크 받침대에 준비된 크림 왁스를 발라 6의 케이크 바디를 붙여 고정시켜 줍니다. 심지 구멍에 심지를 꽂아주세요.

8 준비된 크림 왁스에 액체 염료로 원하는 색상으로 조색해 줍니다.

9 크림이 담긴 종이컵 입구를 모아 유리컵 중간과 끝부분 사이에 부어줍니다. 원하는 길이만큼 흘렀으면 돌림판을 천천히 돌리면서 같은 방법으로 원형을 채워 완성합니다. (tip)

(tip)   멜팅 크림 p87 참고

10 깍지를 낀 짤주머니에 크림을 넣어주세요.
케이크의 윗면부터 동그랗게 파이핑 해줍니다. *(tip)*

11 받침대의 바닥 면과 케이크 바디 사이를 채우기 위해
짤주머니를 45℃로 기울여 파이핑 해줍니다.

12 크림이 굳기 전에 곰돌이 토핑을 얹어 완성합니다.

(tip)   파이핑 크림 p88 참고

에이드 캔들

light · 6   청량한 에이드
             한 잔

«» Make Tools

«» Make Tools

핫플레이트, 큰 비커, 비커, 저울,
온도계, 핀셋, 나무 꼬챙이, 유리 용기

«» Ingredients

· MP 젤 왁스 150g

· 액체 염료

· 젤 전용 심지

· 젤 얼음(p123 참고)

· 오렌지 칩

· 드라이 플라워

에이드 캔들

1 핫플레이트에 큰 비커를 이용하여 MP 젤 왁스 150g을 녹여줍니다.

2 젤 얼음을 유리 용기 높이의 ⅓만큼 넣어줍니다.

3 녹인 왁스를 미니 비커에 50g씩 소분해 액체 염료를 나무 꼬챙이에 묻혀
에이드의 제일 진한 색으로 조색해 줍니다.

(tip) 방향 효과를 원하면 3의 과정에서 프래그런스 오일을 3% 첨가해 주세요.

4 왁스의 온도가 95~100℃가 되면 준비된 유리 용기에 ⅓을 부어주세요.
미니 비커에 조색한 왁스를 조금 남기고 부어주세요.

5 젤 얼음을 한 칸 더 쌓아주세요.

6 미니 비커에 남은 짙은 색상의 젤 왁스에 남은 무색의 젤 왁스를 조금 섞어
연한 색상으로 만든 뒤 왁스의 온도가 95~100℃가 되면 원하는 높이만큼 부어주세요.

7 젤 얼음과 오렌지 칩을 넣어 꾸며줍니다.

8 5~6번의 과정을 반복하여 그라데이션을 표현해 준 뒤 유리컵의 윗면까지 부어줍니다.

9 젤 얼음과 드라이 플라워를 얹어 꾸며줍니다. 완전히 굳으면 젤 전용 심지를 꽂아
완성합니다.

(tip)   에이드 캔들은 인공 왁스로 만들어 태우기보다는 관상용, 인테리어용으로 사용하는 것을 추천합니다.

젤 얼음 만들기

Make Tools: 핫플레이트, 비커, 저울, 온도계, 시약 스푼, 얼음 트레이
Ingredients: HP 젤 왁스 150g, 화이트 피그먼트 칩

1. 핫플레이트에 HP 젤 왁스를 녹여줍니다.
2. 녹인 왁스에 화이트 피그먼트 칩을 소량으로 넣어 섞어 왁스를 불투명하게 만들어줍니다.
3. 왁스의 온도가 110°C가 되면 준비된 얼음 트레이에 빠르게 부어줍니다.
4. 왁스가 완전히 굳으면 얼음을 꺼내 완성합니다.

보석 방향제

light · 7

반짝이는 여름
바다를 닮은

<»> **Make Tools**

핫플레이트, 비커, 저울, 온도계, 칼,
클립, 종이 포일, 일회용 장갑,
나무 막대, 히팅툴

<»> **Ingredients**

· 저온 파라핀 왁스 120g
· 고체 염료
· 프래그런스 오일
· 글리터
· 금박

1 종이 포일을 사면으로 접어 클립으로 꽂아 접시를 만들어줍니다.

2 핫플레이트에 저온 파라핀 왁스 120g을 녹여줍니다.

3 녹인 왁스를 두 개의 비커로 나눠 담고 비커 한 개에만
고체 염료로 원하는 색상으로 조색합니다.

4 녹인 왁스의 온도가 80℃가 되면 프래그런스 오일을 계량(왁스 용량의 3~5%)하여 넣은 후 섞어줍니다.

5 왁스의 온도가 70℃가 되면 준비된 종이 포일에 동시에 넓게 부어줍니다.

6 나무 막대를 사용하여 글리터를 뿌려줍니다.

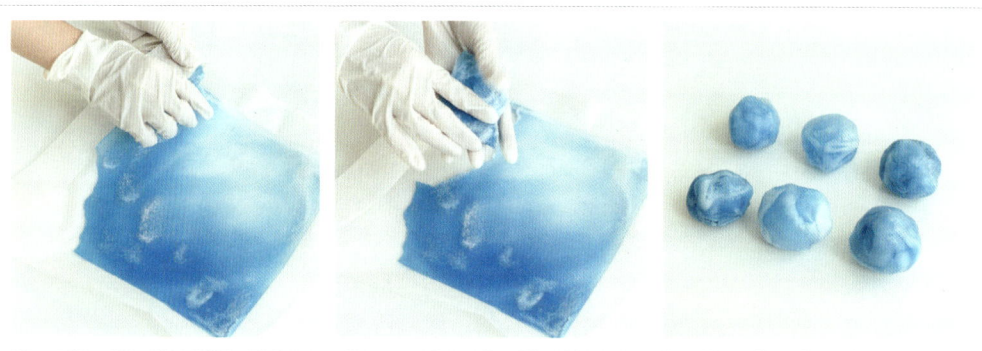

7 왁스가 어느 정도 굳어 포일에서 떨어질 때 손으로 뭉쳐
보석 모양의 크기로 만들어줍니다. ^(tip)

8 왁스가 완전히 굳으면 칼을 사용해 보석 모양처럼 각지게 깎아줍니다.

9 금박으로 꾸며 완성합니다.

(tip)   왁스가 굳어 뭉쳐지지 않으면 히팅툴로 살짝 녹여서 뭉쳐주세요.

보석 방향제

I CANDLE IT

SOY WAX CANDLE   made on

FRAGRANCE

i candle it   design studio

THE LITTLE GUIDE TO   STYLE TO LIVE BY

THE LITTLE GUIDE TO   COCO CHANEL   STYLE TO LIVE BY

COCO CHANEL

nrf

OEHLEN

Autumn

얼마 전 양평 두물머리에 다녀왔다. 사방으로 핀 단풍 앞에서 다정한 연인들, 반려견과 산책을 나온 가족들, 친구들끼리 사진을 찍어주고 있었다. 까르르 웃는 이들을 보며 황금빛으로 짙게 물든 세상이 그 어느 계절보다 낭만적이고 눈이 부셨다. 가을의 일상은 평온함 그 자체이다. 나는 책 한 권을 들고 은행나무가 보이는 카페에 들어가 따뜻한 라떼를 마시며 책을 읽었다. 그곳에서 통창 너머로 보이는 단풍잎 사이 돌멩이조차 새롭게 느끼며 계절을 오롯이 느꼈다. 시나몬향 캔들과 우디향 캔들을 주섬주섬 챙겨 캠핑을 떠났다. 짙은 노을을 보며 이 계절이 조금만 더 천천히 지나가기를 바랄 뿐이다.

Candle

컨테이너 캔들

light · 1   아늑한 가을을
　　　　　담아

«» **Make Tools**

　핫플레이트, 비커, 저울, 온도계, 가위,
　유리 용기

«» **Ingredients**

· 컨테이너용 소이 왁스 90g

· 프래그런스 오일

· 우드 심지

· 우드 심지 탭

· 심지 탭 스티커

1 핫플레이트에 컨테이너용 소이 왁스 90g을 녹여줍니다.

2 우드 심지를 유리 용기 높이에 맞춰 컷팅해 줍니다.

 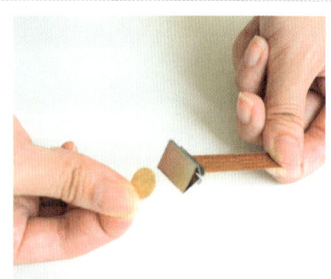 

3 우드 심지 탭에 우드 심지를 끼우고 심지 탭 스티커를 사용해
유리 용기 중앙에 붙여줍니다.

(tip)　　　컨테이너 캔들은 제작 과정은 간단하지만 완성도 높게 만들기가 까다롭고 어려운 작업입니다.

4 녹인 왁스의 온도가 65℃가 되면 프래그런스 오일을 계량(왁스 용량의 5~10%)하여
넣고 섞어줍니다.

5 왁스의 온도가 55℃가 되면 준비된 유리 용기에 부어줍니다. 완전히 굳혀서 완성합니다.

(tip) 표면이 기름지고 우글우글하고 심지 주변으로 구멍이 생기는 이유는 온도가 안 맞았거나, 프래그런스
오일이 왁스와 제대로 섞이지 않았기 때문입니다. 왁스를 붓기 전에 용기를 히팅툴로 골고루 데우고
작업 온도에 맞춰 제작하면 됩니다.

시나몬 캔들

light · 2   마음의 안정을
찾는 향기

«» **Make Tools**

핫플레이트, 비커, 저울, 온도계,
가위, 심지 고정대(또는 나무젓가락), 다부치,
플라스틱 몰드

«» **Ingredients**

· 필라용 소이 왁스 160g
· 프래그런스 오일
· 면 심지
· 시나몬 스틱
· 드라이 플라워

시나몬 캔들

1 플라스틱 몰드에 면 심지를 연결하고 심지 구멍을 다부치로 막아줍니다.

2 핫플레이트에 필라용 소이 왁스 80g을 녹여줍니다. 녹인 왁스의 온도가 85℃가 되면
프래그런스 오일을 계량(왁스 용량의 5~10%)하여 넣은 후 섞어줍니다.

3 왁스의 온도가 80℃가 되면 준비된 몰드에 부어줍니다.
면 심지가 중심을 유지하도록 심지 고정대를 이용해 고정합니다.

4 왁스가 어느 정도 하얗게 굳으면 준비된 시나몬 스틱이 고정될 수 있을 정도로만 살짝 꽂습니다. 끝까지 꽂으면 왁스의 바닥 면이 깨지기 때문에 주의하세요.

5 남은 왁스를 녹여 부어주세요. 왁스가 어느 정도 하얗게 굳으면 준비된 드라이 플라워를 꽂아 꾸며줍니다.

6 완전히 굳으면 몰드에서 떼어내어 완성합니다.

(tip) 시나몬 향은 벌레 퇴치와 냄새 제거에 효과가 있습니다. 연소 시 시나몬에 불이 붙지 않게 주의합니다. 노끈과 영문 페이퍼로 꾸며주면 한층 더 감성적인 느낌이 듭니다.

라떼 캔들

light · 3   따뜻한
라떼 한 잔

» **Make Tools**

핫플레이트, 비커, 저울, 적외선 온도계,
나무 막대, 나무 꼬챙이, 유리 용기

» **Ingredients**

· MP 젤 왁스 120g

· 액체 염료(브라운, 아이보리)

· 화이트 피그먼트칩

· 젤 전용 심지

1 핫플레이트에 MP 젤 왁스를 녹여줍니다. 녹인 젤 왁스에 화이트 피그먼트칩을 넣어
우유색으로 조색합니다.

2 왁스의 온도가 110℃가 되면 비커에 소분해 준비된 유리 용기에
우유 높이만큼 부어줍니다.

3 남은 비커에 브라운과 아이보리 액체 염료를 넣어 커피색으로 조색합니다.

4　1차로 부었던 우유 왁스가 어느 정도 굳으면
왁스의 온도를 110℃로 맞춘 커피 왁스를 부어줍니다.

5　히팅툴로 우유와 커피 부분의 경계선을 데운 후
나무 꼬챙이로 경계선을 풀어 마블링 해줍니다.

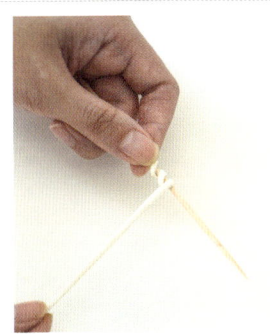

6　젤 전용 심지를 나무 꼬챙이에 돌돌 말아 준비합니다.
왁스가 완전히 굳으면 심지를 꽂아 완성합니다.

(tip)　라떼 캔들은 인공 왁스로 만들어 태우기보다는 관상용, 인테리어용으로 사용하는 것을
추천합니다. 방향 효과를 원하면 제작 시 프래그런스 오일을 3% 첨가해 주세요.

수채화 캔들

light · 4   색 바랜
               낙엽처럼

«» Make Tools

  핫플레이트, 비커, 저울, 온도계, 가위,

  심지 고정대(또는 나무젓가락), 다부치,

  플라스틱 몰드

«» Ingredients

· 필라용 소이 왁스 50g

· 프래그런스 오일

· 면 심지

· 알코올 잉크

· 스펀지

1 플라스틱 몰드에 면 심지를 연결한 후 심지 구멍을 다부치로 막아줍니다.

2 핫플레이트에 필라용 소이 왁스 50g을 녹인 후 녹인 왁스의 온도가 85℃가 되면 프래그런스 오일을 계량(왁스 용량의 5~10%)하여 넣은 후 섞어줍니다.

  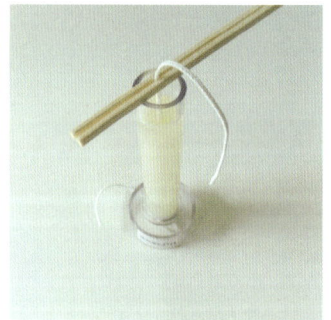

3 왁스의 온도가 80℃가 되면 몰드에 부어줍니다. 심지 고정대로 심지를 고정해 주세요.

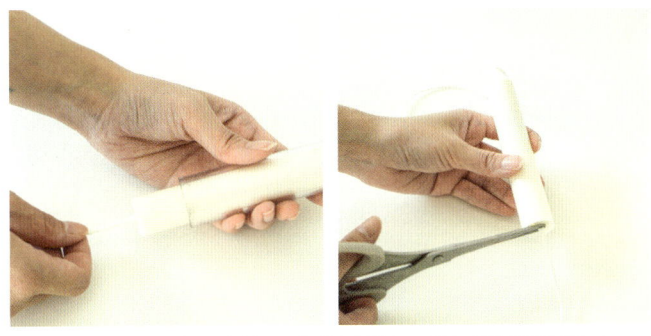

4 완전히 굳으면 몰드에서 떼어냅니다.

5 원하는 두세 가지 색상의 알코올 잉크를 스펀지에 묻혀 4의 바디에 채색해 줍니다.
경계가 진 부분은 자연스럽게 풀어줍니다.

6 알코올 잉크를 완전히 건조시키고 완성합니다.

(tip) 블렌딩 솔루션이나 에탄올로 경계선을 자연스럽게 풀어주면 물먹은 수채화의 느낌을
아름답게 표현할 수 있어요.

수채화 캔들

구름 캔들

light · 5   청명한 가을
하늘처럼

«» **Make Tools**

핫플레이트, 비커, 저울, 온도계,
심지 고정대(또는 나무젓가락), 다부치,
나무 막대, 플라스틱 몰드

«» **Ingredients**

· 필라용 소이 왁스 120g

· 고체 염료

· 프래그런스 오일

· 면 심지

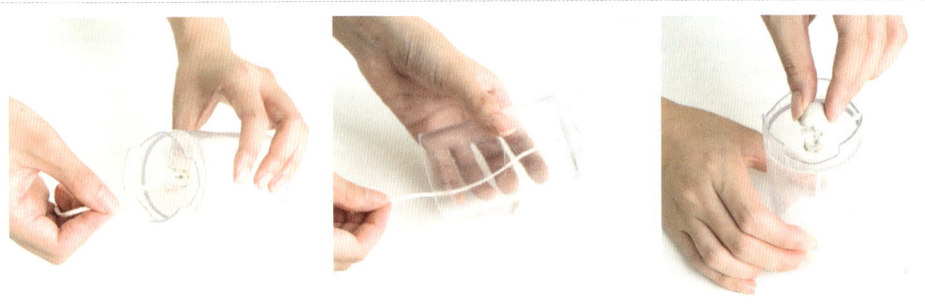

1 플라스틱 몰드에 면 심지를 연결하고 심지 구멍을 다부치로 막아줍니다.

2 핫플레이트에 필라용 소이 왁스 30g을 녹인 다음 어느 정도 막이 생기면서 굳으면
  나무 막대로 잘 저어줍니다.

3 왁스가 크림 제형이 되면 스틱으로 조금씩 떠, 몰드 벽면에 구름 모양처럼 발라줍니다.

(tip)   구름은 크림을 두껍게 발라줘야 왁스를 부었을 때 녹지 않습니다.

4 핫플레이트에 필라용 소이 왁스 90g을 녹이고, 90℃일 때 고체 염료로 조색합니다.
80℃가 되면 프래그런스 오일을 계량(왁스 용량의 5~10%)하여 넣은 후 섞어줍니다.

5 왁스의 온도가 75℃가 되면 준비된 몰드에 부어줍니다. 심지 고정대로 심지를 고정합니다.

6 왁스가 완전히 굳으면 몰드에서 떼어내어 완성합니다.

(tip) 너무 높은 온도에서 왁스를 부으면 구름들이 녹아 사라집니다.
탈형 후 구름에 기포가 생겼을 경우 크림 왁스로 톡톡 채워주고 물티슈로 닦아주면 됩니다.

구름 캔들

세라믹 캔들

light · 6   수많은 별빛
                  아래서

《》 Make Tools

핫플레이트, 비커, 저울, 온도계, 가위,
심지 고정대(또는 나무젓가락), 다부치, 붓,
플라스틱 몰드

《》 Ingredients

· 필라용 소이 왁스 110g
· 고체 염료
· 프래그런스 오일
· 면 심지
· 아크릴물감
· 물

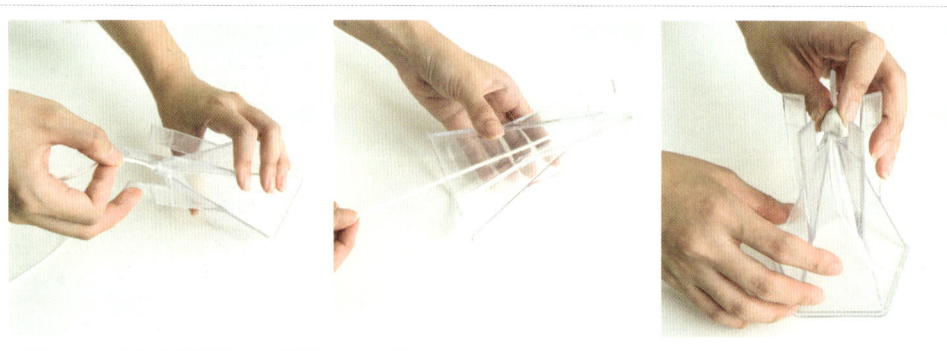

1 플라스틱 몰드에 면 심지를 연결하고 심지 구멍을 다부치로 막아줍니다.

2 핫플레이트에 필라용 소이 왁스 110g을 녹여줍니다.

3 녹인 왁스의 온도가 90℃가 되면 고체 염료를 넣고 골고루 섞어
원하는 색으로 조색합니다.

4 왁스의 온도가 85℃가 되면 프래그런스 오일을 계량(왁스 용량의 5~10%)하여 넣은 후
섞어줍니다. 왁스의 온도가 80℃가 되면 준비된 몰드에 부어준 후 심지를 고정합니다.

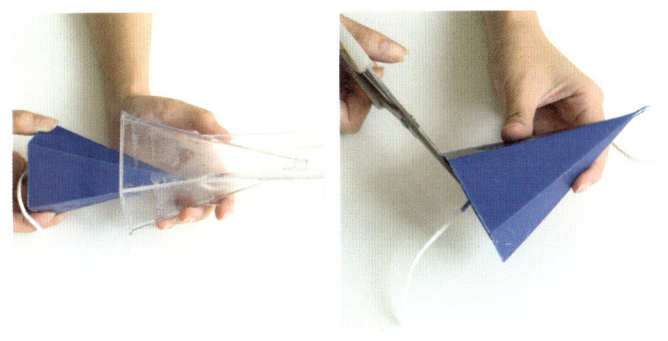

5 왁스가 완전히 굳으면 탈형하여 심지를 정리합니다.

6 물에 적신 붓에 아크릴물감을 묻혀 원하는 모양으로 톡톡 튀겨줍니다.
물감을 건조시켜 완성합니다.

(tip) 물감 튀기는 작업 시 사방으로 많이 튀기니 신문지를 넓게 깔아놓고 튀겨주세요.
아크릴물감 대신 알코올 잉크를 사용해도 좋아요.

스톤 캔들

light · 7 　　가을 햇살을
　　　　　　머금은

«» **Make Tools**

핫플레이트, 비커, 저울, 온도계, 가위,
송곳, 나무 꼬챙이, 니퍼,
스톤 실리콘 몰드

«» **Ingredients**
· 크리스털 팜 왁스 50g
· 프래그런스 오일
· 고체 염료
· 면 심지
· 심지 탭

1 핫플레이트에 크리스털 팜 왁스 50g을 녹여줍니다.
녹인 왁스에 고체 염료를 넣고 조색합니다.

2 프래그런스 오일을 계량(왁스 용량의 5~10%)하여 넣고 섞어줍니다.

3 왁스의 온도가 62℃가 되면 준비된 실리콘 몰드에 반만 부어줍니다.
왁스를 조금씩 끊어 부으며 선을 만들어주면서 몰드를 가득 채워줍니다.

4 어느 정도 굳으면 중앙에 나무 꼬챙이를 꽂아 심지 구멍을 뚫어줍니다.

5 완전히 굳으면 몰드에서 떼어내, 송곳으로 심지 구멍을 관통하여 뚫어줍니다.

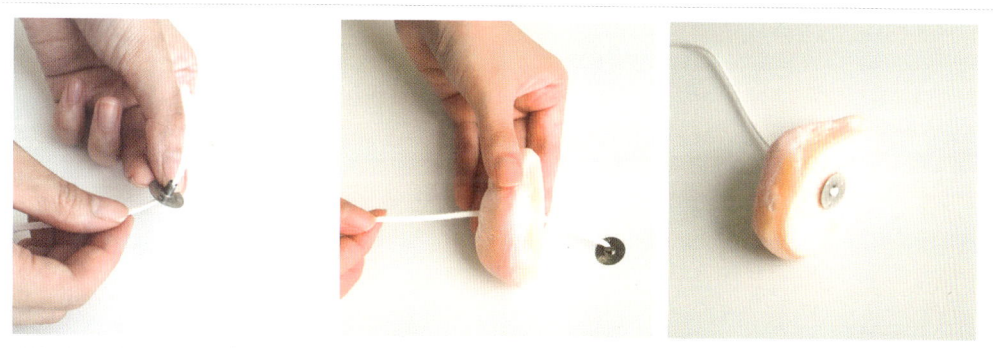

6 면 심지에 심지 탭을 연결하여 심지를 끼워 완성합니다.

청키 캔들

light · 8   가을의 조각들

<«» Make Tools

  핫플레이트, 비커, 저울, 온도계,

  심지 고정대(또는 나무젓가락), 나무 막대,

  다부치, 플라스틱 몰드, 파츠 몰드

<«» Ingredients

· 필라용 소이 왁스 200g

· 고체 염료

· 프래그런스 오일

· 딱풀

· 면 심지

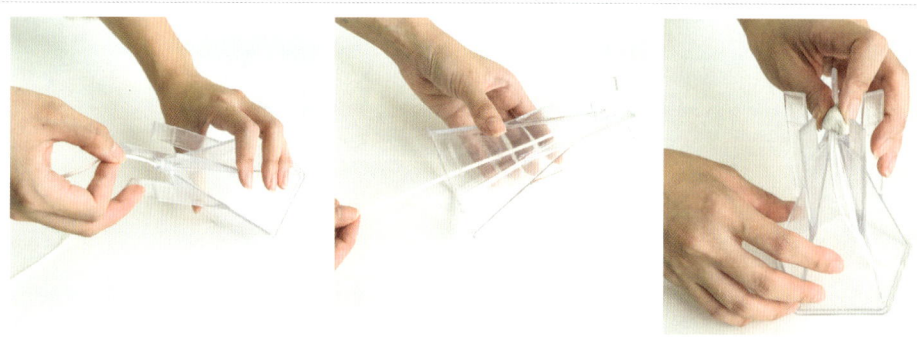

1 플라스틱 몰드에 면 심지를 연결하고 심지 구멍을 다부치로 막아줍니다.

2 핫플레이트에 파츠용으로 만들 필라용 소이 왁스 50g을 녹여줍니다.

3 고체 염료를 넣고 원하는 색상으로 조색한 뒤 몰드에 부어줍니다.

4 왁스가 완전히 굳으면 파츠를 몰드에서 떼어냅니다.

5 딱풀로 탈형한 파츠들을 몰드 벽면에 붙여 고정해 줍니다.

6 핫플레이트에 필라용 소이 왁스 150g을 녹여줍니다.
왁스의 온도가 80℃가 되면 고체 염료를 넣고 골고루 섞어 원하는 색으로 조색합니다.

(tip) 작은 왁스의 양은 소주 컵을 사용하면 쉽게 부을 수 있습니다.
    떼어낸 후 파츠에 묻은 딱풀은 물티슈로 깔끔하게 닦아주면 됩니다.

7 왁스의 온도가 75℃가 되면 프래그런스 오일을 계량(왁스 용량의 5~10%)하여
넣은 후 섞어줍니다.

8 왁스의 온도가 65~70℃가 되면 준비된 몰드에 부어줍니다. 심지 고정대로 심지를
고정합니다.

9 왁스가 완전히 굳으면 몰드에서 떼어내어 완성합니다.

(tip)   너무 높은 온도에서 왁스를 2차로 부을 경우, 파츠들이 녹아 바디 왁스에 이염될 수 있습니다.

청키 캔들

Season. 4

겨울날의 촛불

Winter

코끝 시린 날 손에 따뜻한 걸 쥐어
야 하는 계절, 붕어빵의 계절이 다가왔다. 어
렸을 적에는 동네 길거리에서 흔하게 붕어빵
을 만날 수 있었는데 이제는 수소문해 찾아
다녀야 할 만큼 귀한 붕어빵이 되었다. 어느
날은 붕어빵이 너무 먹고 싶었지만 찾지 못
했다. 먹지 못하면 만들면 되지. 붕어빵 캔들
을 만들기 위해 팥 크림을 만들며 입맛을 다
시던 기억이 난다.

크리스마스와 연말이 되면 여러 캔들을 만드느라 바쁜 하루를 보낸다. 폭풍 같은 시기를 끝내놓고 한숨 돌리며 거창한 파티보다는 도란도란 모여 앉아 조금은 특별한 저녁을 보낸다. 크리스마스가 되면 꼭 딸기가 얹어진 케이크를 준비한다. 딸기 하나가 톡 하고 올려진 케이크를 보니 크리스마스가 실감이 난다. 주변에 트리 캔들을 켜고 크리스마스 분위기를 만끽한다. 무얼 하든 특별한 날이 되길 바라며. Merry Christmas!

눈꽃 캔들

light · 1   하얀 꽃이
            핀 것처럼

«» Make Tools

핫플레이트, 비커, 저울, 온도계,
다부치, 나무 꼬챙이, 플라스틱 몰드

«» Ingredients

· 크리스털 팜 왁스 110g
· 액체 염료
· 프래그런스 오일
· 면 심지

1 플라스틱 몰드에 면 심지를 연결하고 심지 구멍을 다부치로 막아줍니다.

2 핫플레이트에 크리스털 팜 왁스 110g을 녹여줍니다.

3 왁스의 온도가 100℃가 되면 프래그런스 오일을 계량(왁스 용량의 5~10%)하여
넣은 후 섞어줍니다.

(tip)　크리스털 팜 왁스는 온도를 꼭 맞춰야 합니다. 왁스의 온도가 90℃ 이하로 떨어지면 결정이 생기는
변수가 일어날 수 있습니다. 조색 작업 시 고체 염료보다는 액체 염료가 조색하는 것이 편합니다.

4 왁스의 온도가 92℃가 되면 준비된 플라스틱 몰드에 붓고,
심지 고정대로 심지를 고정합니다.

5 왁스가 30% 정도 굳으면 나무 꼬챙이에 액체 염료를 묻혀 풀어줍니다.

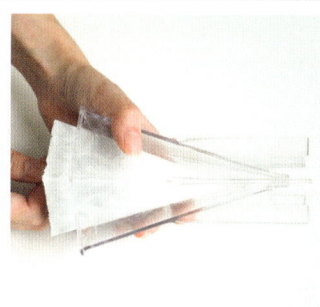

6 완전히 굳으면 몰드에서 떼어내고 심지를 정리하여 완성합니다.

(tip)   크리스털 팜 왁스는 고온에서 작업하기 때문에 화상에 주의합니다.

백드롭 캔들

light · 2   밤에 내리는
하얀 눈

<«» Make Tools>

«» Make Tools

핫플레이트, 비커, 저울, 온도계, 가위,
심지 고정대(또는 나무젓가락), 다부치, 사포,
나무 막대, 플라스틱 몰드

«» Ingredients

· 크리스털 팜 왁스 150g

· 고체 염료

· 프래그런스 오일

· 면 심지

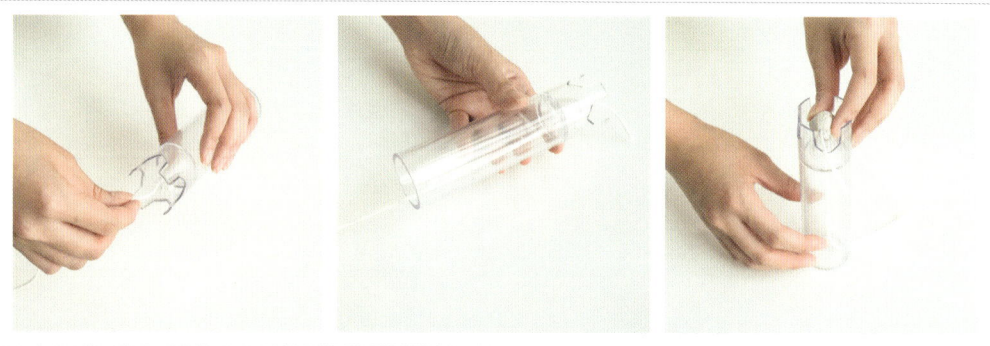

1 플라스틱 몰드에 면 심지를 연결한 후 심지 구멍을 다부치로 막아줍니다.

2 핫플레이트에 크리스털 팜 왁스를 세 개의 비커에 각각 약 50g씩 녹여줍니다.

3 녹인 왁스에 원하는 색상으로 조색합니다. 왁스의 온도가 75℃가 되면
프래그런스 오일을 계량(왁스 용량의 5~10%)하여 넣은 후 섞어줍니다.

4 가루 팜 왁스를 종이컵에 소분해 나무 막대와 함께 준비합니다.

5 몰드 제일 밑부분에 온도 70℃의 팜 왁스를 원하는 높이 만큼 부어줍니다.

6 가루 팜 왁스를 제일 밑부분에 부었던 왁스 양의 ⅓ 정도로 부어줍니다.

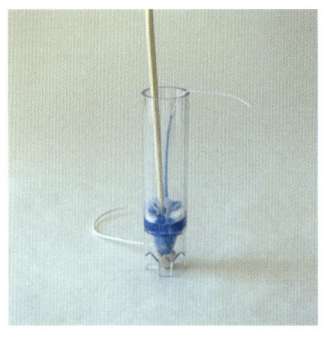 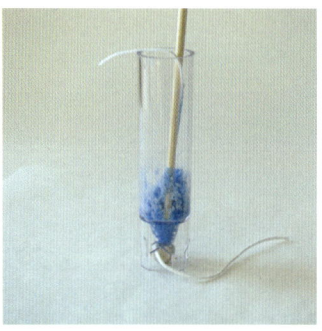

7 나무 막대로 부어놓았던 팜 왁스와 가루 팜 왁스를 섞어줍니다.
이때 하얀 알갱이가 보이지 않을 때까지 섞어주세요.

8 다음 원하는 컬러의 왁스를 부어줍니다.

9 6~8번의 과정을 반복합니다.

(tip)   층층이 왁스를 부으면서 나무 막대로 왁스끼리 자연스럽게 섞이도록 풀어주세요.

10 마지막 제일 윗부분은 녹인 팜 왁스를 붓고 굳혀줍니다.
가루 팜 왁스는 굳지 않기 때문에 녹인 팜 왁스로 마무리해야 돼요.

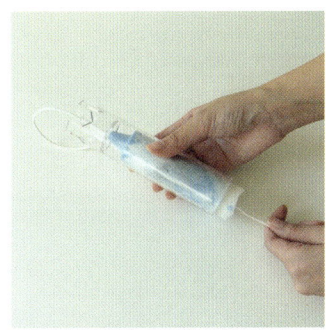

11 완전히 굳으면 몰드에서 떼어내 주세요.

12 사포로 왁스의 울퉁불퉁한 밑부분을 평평하게 갈아 마무리합니다.

붕어빵 캔들

light · 3   겨울의
영원한
소울메이트

«» Make Tools

핫플레이트, 비커, 저울, 온도계,
종이컵, 가위, 나무 막대, 나무 꼬챙이,
니퍼, 붕어빵 몰드

«» Ingredients

· 필라용 소이 왁스 150g
· 액체 염료(브라운)
· 프래그런스 오일
· 면 심지
· 심지 탭

1 핫플레이트에 필라용 소이 왁스 100g을 녹여줍니다.

2 녹인 왁스의 온도가 90℃가 되면 액체 염료를 사용해 붕어빵 색상으로 조색합니다.

3 녹인 왁스의 온도가 85℃가 되면 프래그런스 오일을 계량<small>(왁스 용량의 5~10%)</small>하여
넣은 후 섞어줍니다.

4 녹인 왁스의 온도가 80℃가 되면 준비된 붕어빵 몰드에 부어줍니다.
부은 왁스가 어느 정도 굳으면 나무 꼬챙이를 중앙에 꽂아 심지 구멍을 만들어줍니다.

5 왁스가 90% 굳으면 몰드에서 떼어내서 나무 꼬챙이로 심지 구멍을 관통시켜 줍니다.

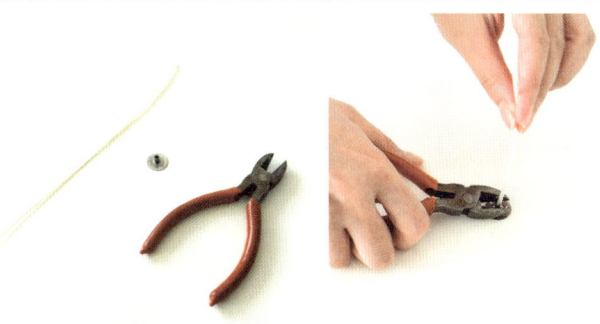

6 심지 탭에 심지를 끼워 니퍼로 밑부분을 조이면서
심지가 빠지지 않도록 고정해 줍니다.

7 붕어빵의 바닥 부분으로 쓸 왁스에 심지 탭에 연결해 놓은 심지를 끼워줍니다.

8 크림으로 쓸 필라용 소이 왁스 50g을 녹여 종이컵에 준비합니다.

9 어느 정도 막이 생겼을 때쯤에 한 번씩 저어 떠지는 크림 제형으로 만들어줍니다.
브라운 액체 염료를 넣어 붕어빵의 팥 크림색으로 만들어줍니다.

10 바닥 부분의 붕어빵 왁스에 크림을 떠서 포슬포슬하게 발라 팥 크림을 표현해 줍니다.

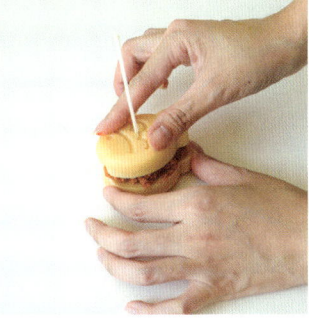

11 윗부분 붕어빵 왁스를 심지에 끼워 크림과 고정시켜 줍니다.

12 심지를 잘라 완성합니다.

트리 캔들

light · 4   하얀 눈이 내려
앉은 트리

«» **Make Tools**

핫플레이트, 비커, 저울, 온도계, 심지
고정대(또는 나무젓가락), 고무줄,
트리 실리콘 몰드

«» **Ingredients**

· 비즈 왁스 10g

· 필라용 소이 왁스 40g

· 액체 염료

· 프래그런스 오일

· 면 심지

1 핫플레이트에 하얀 눈 부분으로 만들어줄 비즈 왁스 10g을 녹여줍니다.

2 실리콘 몰드 사이에 면 심지를 넣고 왁스가 새어 나오지 않도록 고무줄로 고정해 줍니다.

3 비즈 왁스를 트리의 2층까지 부어준 뒤 몰드를 굴려 왁스를 3층까지 코팅해 줍니다.
 왁스가 빠르게 굳기 때문에 왁스를 붓자마자 몰드를 굴려 코팅합니다.

(tip) 트리 캔들은 탈형할 때 부러지기 쉬워 조금 더 단단한 비즈 왁스를 섞어 사용하시면 부러짐 없이 떼어낼
 수 있습니다. 눈 부분 왁스를 붓고 나서, 왁스가 굳어 코팅을 하지 못했다면 히팅툴로 표면을 살짝
 녹여주면 좋습니다.

4 필라용 소이 왁스 40g을 녹여줍니다. 녹인 왁스의 온도가 90℃가 되면
액체 염료를 넣고 골고루 섞어 원하는 색으로 조색합니다.

5 왁스의 온도가 85℃가 되면 프래그런스 오일을 계량(왁스 용량의 5~10%)하여
넣고 섞어줍니다.

6 왁스의 온도가 80℃가 되면 준비된 몰드에 부어주고 심지 고정대로 심지를 고정합니다.

 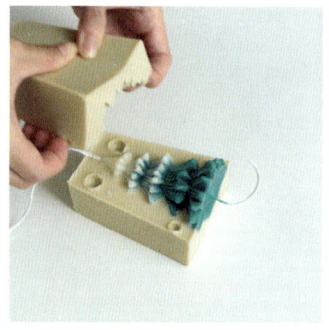 

7 완전히 굳으면 몰드에서 떼어냅니다.

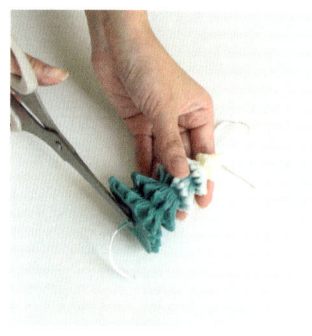

8 심지 정리 후 완성합니다.

트리 캔들

산타 캔들

light · 5   산타에게
소원을

‹› **Make Tools**

핫플레이트, 비커, 저울, 온도계, 가위,
칼, 원뿔 플라스틱 몰드

‹› **Ingredients**

· 필라용 소이 왁스 110g

· 액체 염료(빨강)

· 고체 염료(살구)

· 프래그런스 오일

· 면 심지

· 만지락(검정, 빨강)

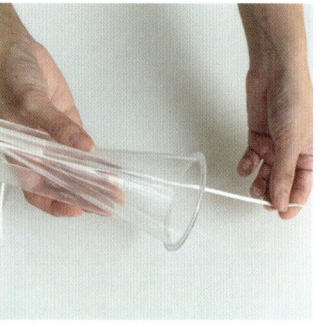

1 플라스틱 몰드에 면 심지를 연결하고 심지 구멍을 다부치로 막아줍니다.

2 핫플레이트에 필라용 소이 왁스 30g을 녹여줍니다.

3 녹인 왁스의 온도가 90℃가 되면 빨강색 액체 염료를 넣고 골고루 섞어 조색합니다.

(tip) 산타 캔들은 4단계로 붓는 과정이라 타이밍이 중요합니다. 붓는 시점은 왁스의 온도가 미지근할 때입니다. 왁스의 온도가 너무 뜨겁거나, 굳지 않았을 때 다음 왁스를 부어버리면 색이 이염될 수 있습니다.

4 왁스의 온도가 85℃가 되면 프래그런스 오일을 계량(왁스 용량의 5~10%)하여
넣은 후 섞어줍니다.

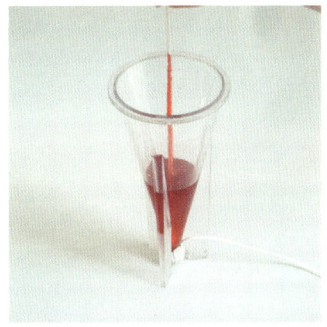

5 왁스의 온도가 80℃가 되면 준비된 플라스틱 몰드에 부어줍니다.
벽에 묻히지 않고 심지를 타고 잘 부어주세요.

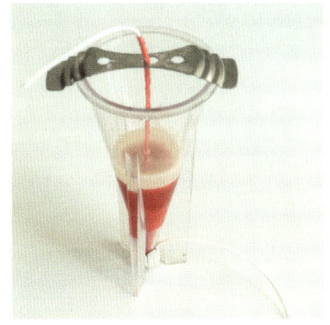

6 제일 밑 고깔 부분의 왁스가 수축되어 몰드에서 떨어질 때쯤 빨강색 왁스가 어느 정도 굳은
것이므로 필라용 소이 왁스 10g을 녹여, 왁스의 온도가 65℃일 때 몰드에 부어줍니다.

7 필라용 소이 왁스 50g을 녹여 살구색으로 조색합니다.

8 왁스의 온도가 70℃가 되면 프래그런스 오일을 계량(왁스 용량의 5~10%)하여
넣은 후 섞어줍니다.

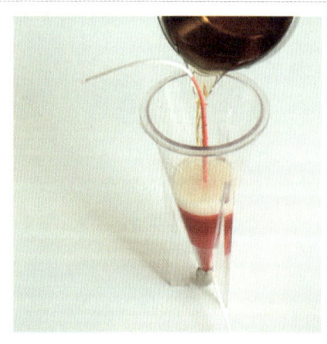

9 왁스의 온도가 65℃가 되면 준비된 몰드에 부어줍니다.

(tip) 왁스가 너무 굳어 몰드 안에서 수축하였는데, 다음 왁스를 부어버리면 남은 공간 틈으로 왁스가
들어가니 조심하세요. 왁스가 소량일 땐 향료를 빼도 됩니다.

10 왁스가 어느 정도 굳으면 필라용 소이 왁스 20g을 녹여
왁스 온도 65℃에 몰드에 부어줍니다.

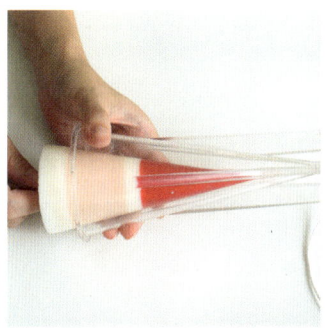

11 완전히 굳으면 몰드에서 떼어내어 심지를 정리합니다.

12 만지락으로 꾸며 완성합니다.

스트로베리 케이크 캔들

light · 6

크리스마스
파티를 위해

«» Make Tools

핫플레이트, 비커, 저울, 온도계, 가위,
나무 꼬챙이, 헤라, 돌림판,
원기둥 실리콘 몰드

«» Ingredients

· 필라용 소이 왁스 130g

· 액체 염료(브라운, 블랙)

· 프래그런스 오일

· 면 심지

· 딸기 토핑

· 멜팅 크림(p87 참고)

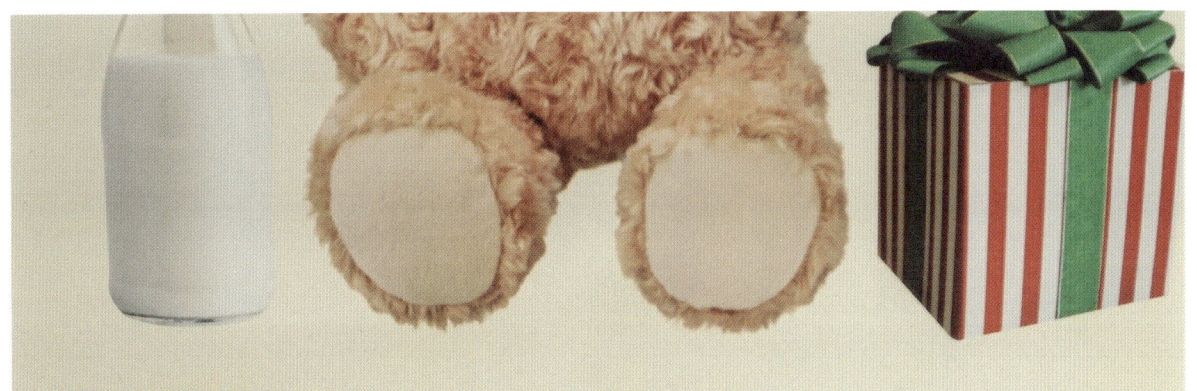

for Christmas!

1 핫플레이트에 필라용 소이 왁스 130g을 녹여줍니다.

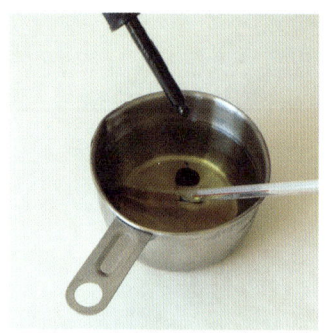

2 녹인 왁스의 온도가 90℃가 되면 브라운과 블랙 액체 염료를 넣고
초콜릿 색으로 조색합니다.

3 왁스의 온도가 85℃가 되면 프래그런스 오일을 계량(왁스 용량의 5~10%)하여
넣은 후 섞어줍니다.

4 왁스의 온도가 80℃가 되면 몰드에 부어줍니다.

5 부어놓은 왁스가 어느 정도 굳으면 나무 꼬챙이를 중앙에 꽂아 심지 구멍을 만들어줍니다.

6 완전히 굳으면 몰드에서 떼어내 주세요.

7 크림 왁스가 담긴 종이컵 입구를 모아 유리컵 중간과 끝부분 사이에 크림을 덜어 부어줍니다. 종이컵 끝부분으로 크림을 살짝 톡톡 밑으로 내려줍니다.

8 원하는 길이만큼 흘렀으면 돌림판을 천천히 돌리면서 같은 방법으로 계속 부어 원형을 채워 완성합니다.

9 부어놓은 크림이 굳기 전에 바로 토핑을 얹어줍니다.

(tip) 흐르는 크림이 무겁게 떨어져 크림의 모양이 제대로 흘러내리지 않는다면, 히팅툴로 크림을 살짝 녹여 흐르는 제형의 크림으로 맞춰 부어주세요.

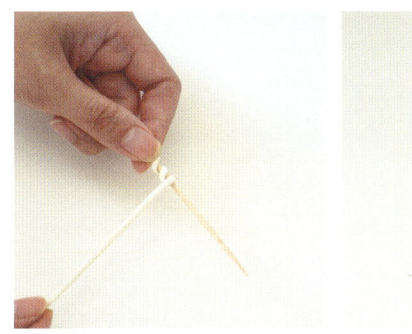 

10 심지를 나무 꼬챙이에 돌돌 말아 심지 구멍에 꽂아 완성합니다.

루돌프 타블렛

light · 7   루돌프
                 사슴 코는

«» **Make Tools**

핫플레이트, 비커, 저울, 온도계, 가위,
히팅툴, 타블렛 실리콘 몰드

«» **Ingredients**
· 필라용 소이 왁스 40g
· 프래그런스 오일
· 끈
· 체리 또는 딸기 모양의 왁스
· 드라이 플라워

1 핫플레이트에 필라용 소이 왁스 40g을 녹여줍니다.

2 녹인 왁스의 온도가 85℃가 되면 프래그런스 오일을 계량(왁스 용량의 5~10%)하여 넣은 후 섞어줍니다.

3 왁스의 온도가 80℃가 되면 준비된 타블렛 몰드에 부어줍니다.

4 어느 정도 하얗게 굳으면 드라이 플라워를 양쪽에 꽂아 루돌프의 귀를 만들고,
체리 모양의 왁스를 얹어 코를 만들어줍니다.

5 완전히 굳으면 몰드에서 떼어내 주세요.

6 끈을 연결하여 완성합니다.

(tip)   왁스가 너무 굳어 드라이 플라워가 잘 꽂히지 않을 때, 히팅툴로 살짝 녹여 꽂아주세요.

아이 캔들 잇
I Candle it

사계절 캔들 레시피

초판 1쇄 인쇄 2022년 12월 9일

초판 1쇄 발행 2022년 12월 24일

지은이   박현미

펴낸이   이준경

편집장   이찬희

책임 편집   김아영

책임 디자인   김정현

편집   김경은

디자인   정미정

마케팅   이수련

펴낸곳   지콜론북

출판등록   2011년 1월 6일 제406-2011-000003호

주소   경기도 파주시 문발로 242 3층

전화   031-955-4955

팩스   031-955-4959

홈페이지   www.gcolon.co.kr

트위터   @g_colon

페이스북   /gcolonbook

인스타그램   @g_colonbook

ISBN   979-11-91059-35-9 13590

값   21,500원

잘못된 책은 구입한 곳에서 교환해 드립니다.

지콜론북은 예술과 문화, 일상의 소통을 꿈꾸는 ㈜영진미디어의 출판 브랜드입니다.

Spring

Summer

Autume

Winter

&

Candle